FOREX TRADING

La serie completa!

Parte 1: Due Strategie basate sui numeri tondi

Parte 2: Due strategie con pivot settimanali

Parte 3: Trading con il massimo e il minimo settimanale

Parte 4: Fare trading con diverse strategie contemporaneamente

Heikin Ashi Trader

Splendid Island

Ormidia, Larnaca

Published in Ormidia, Larnaca, Cyprus
Ebook ISBN: 978-9925-7662-5-3
Paperback ISBN: 978-9925-7662-6-0

Pubblicato da: Splendid Island, Ltd.
Scanbox 05927
Ehrenbergstrasse 16a
10245 Berlin - Deutschland

Prima edizione, aprile 2020

Sommario

Parte 1: Due strategie basate sui numeri tondi 5
Introduzione..6
Strategia 1: La strategia del numero tondo 14
Strategia 2: La Strategia Stop Hunting.............21
Considera il forex trading come un gioco di probabilità 25

Parte 2: Due strategie con pivot settimanali............27
Come fare trading con la tecnica dei pivot settimanali...28
Strategia 1: Fare trading sui pivot.....................34
Strategia 2: La strategia degli «ultimi 20 pip» 40
Devo cambiare i parametri se il trading non sta andando bene? 46

Parte 3: Trading con il massimo e il minimo settimanale 48
Introduzione al trading con il massimo e il minimo settimanale...................................49
Strategia 1: Insegui i massimi e i minimi settimanali...52
Strategia 2: Stretch settimanale con il massimo e il minimo...57
Domande pratiche 64

Parte 4: Fare trading con diverse strategie contemporaneamente 67

1. Perché usare diverse strategie contemporaneamente! 68
2. Meno volatilità nella curva del capitale 77
3. Quante strategie usare contemporaneamente?.... 86
4. È possibile diversificare, anche con un account di piccole dimensioni? 87
5. Quando dovrei iniziare a utilizzare la leva?.... 88

Glossario 92
Altri libri di Heikin Ashi Trader 98
Sull'autore 105

PARTE 1: DUE STRATEGIE BASATE SUI NUMERI TONDI

Introduzione

Chiunque lavori con i futures come l'E-mini o il NQ avrà successo nel mercati forex, come ho sempre pensato. Dopo tutto, il comportamento umano rimane sempre lo stesso in ogni momento e in tutti i mercati finanziari. Tutto quello che devi fare è studiarlo, in modo da poter sviluppare strategie di trading universalmente applicabili.

Anche se in linea di principio questa affermazione è corretta, è altrettanto vero che ogni mercato ha le sue caratteristiche. I trader che operano per anni sullo stesso mercato ne sono consapevoli. Gli stessi schemi si verificano ripetutamente. Il mercato prepara i trend in un modo specifico. Il trader esperto sa (o percepisce) quando entrare o quando restare lontano.

Se queste teorie si applicano anche ai mercati forex in una certa misura, allora senza dubbio anch'essi hanno alcune peculiarità che si applicano esclusivamente a loro. I mercati Forex non sono in realtà mercati, perché non esiste un luogo o un'istanza centrale in cui si incontrano acquirenti e venditori. A differenza dei mercati azionari e delle materie prime, non esiste un'entità centrale in cui vengono scambiati rapporti di cambio.

Il mercato delle valute "funziona" grazie a una rete di banche commerciali che comunicano tra loro e con i loro principali clienti. Questo è stato in precedenza ed è tuttora eseguito al telefono, sebbene Internet e le infrastrutture di oggi abbiano ampiamente sostituito quel tipo di comunicazione.

Tuttavia, questa struttura decentralizzata garantisce che un numero illimitato di operatori del mercato sia in grado di partecipare alle transazioni. Esistono in effetti abbastanza trader che in qualsiasi momento sono disposti ad acquistare o vendere questa valuta o quella, a questo prezzo o a quello. Di conseguenza, il trading sulle valute estere è un'attività molto efficiente. In altre parole, ci sono poche o quasi nessuna inefficienza che un trader possa sfruttare, come nel caso delle molto meno efficienti penny stocks, ad esempio. Coloro che amano sfruttare le inefficienze stanno meglio in questi mercati che nel forex. Il book degli ordini (se si potesse parlare di una cosa del genere nel forex) è incredibilmente profondo. Nessun mercato è più liquido del forex.

È risaputo che in ogni giorno di trading vengono scambiati oltre 4 trilioni di dollari sui mercati valutari internazionali. Questo numero varia, ma è stato costante per anni. Naturalmente, la maggior parte di queste transazioni avvengono nelle cosiddette «major», le coppie di valute principali. Le più note sono EUR/USD, USD/CHF, GBP/USD e USD/JPY.

Quindi, se questi mercati sono molto liquidi e milioni di operatori li scambiano in tutto il mondo, ciò spiega anche il fatto che le fluttuazioni qui sono limitate. Raramente si potrà trovare un giorno in cui, ad esempio, EUR/USD è salito o sceso di oltre l'1%. Di norma, l'intervallo di fluttuazione è molto più basso. Naturalmente, ciò ha conseguenze sulla natura di questi mercati. La generazione di trend comportamentali, come quelli riscontrati nelle materie prime o nelle azioni, è più un'eccezione che una regola. I mercati valutari si muovono principalmente lateralmente nella maggior parte dei giorni di trading.

Quindi, se intendi fare trading su strategie basate sui trend direzionali (come le strategie trend followers), non andrai molto bene in quei mercati. Sarebbe molto meglio se un trader che lavora sui trend lavorasse su alcuni titoli del Nasdaq, come Apple, Amazon o Facebook.

E inoltre, a parte la struttura decentralizzata dei mercati dei cambi, troviamo la loro seconda caratteristica più importante: i mercati dei cambi tendono a mostrare comportamenti in trend solo in casi eccezionali. In altre parole, i rapporti di cambio si muovono lateralmente nella maggior parte dei giorni di trading. Se non ci credi, guarda questo grafico EUR/USD (Immagine 1). Nessuno può discutere il fatto che la coppia mostri una chiara tendenza al ribasso in questo periodo. In altre parole, vedi un movimento verso il basso chiaramente sul grafico.

Immagine 1: EUR/USD, grafico giornaliero, Giugno – Dicembre 2014

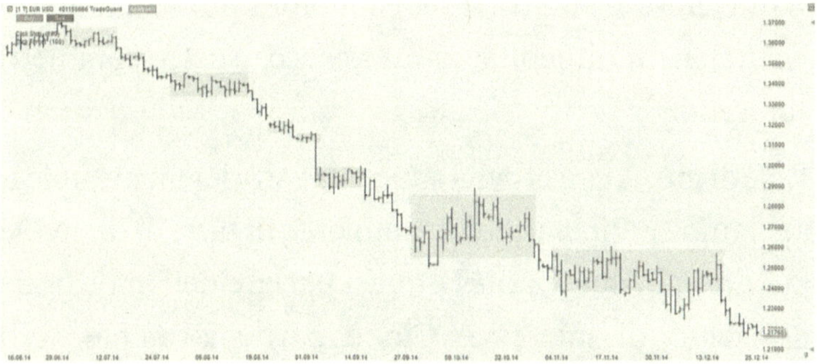

Ciò non contraddice quanto ho appena detto sui mercati valutari? In realtà no, in nessun modo, perché se guardi da vicino, scoprirai che, sebbene il mercato fosse "generalmente" in un trend al ribasso, ha continuato a muoversi lateralmente nella maggior parte dei giorni di trading (blocchi gialli nel grafico). Il movimento al ribasso arriva, a scatti e di solito inaspettatamente. La domanda è: sarai nella posizione giusta quando si verifica la prossima spinta verso il basso?

Penso che la risposta sia probabilmente abbastanza chiara. La maggior parte degli operatori del mercato non ha alcuna posizione o addirittura ha una posizione sbagliata nel momento in cui ciò accade.

In altre parole, è molto difficile avere successo con le strategie che seguono il trend nei mercati valutari.

O hai bisogno di molta pazienza (in alcune fasi del trend al ribasso mostrato qui sopra, EUR/USD è andato lateralmente per trenta giorni!), oppure sei un investitore che non guarda i grafici giornalieri.

Tuttavia, se sei un trader e vuoi fare soldi scambiando valute, avrai difficoltà ad avere successo se scommetti sul trend.

E c'è di più. A causa della situazione storicamente unica, abbiamo sperimentato un ambiente di tassi di interesse per anni, in cui si poteva quasi parlare dell'abolizione del tasso di interesse. Ciò è particolarmente vero nell'area dell'Euro (a partire da luglio 2019), dove la BCE ha fissato artificialmente i tassi di interesse a 0 per anni. Cosa pensi che significhi per il trading in valuta estera noto per essere determinato dal tasso di interesse del rispettivo paese (o dall'area valutaria come nella zona euro)? Significa ovviamente che la volatilità è quasi inesistente. Guarda questa tabella della volatilità storica in EUR/USD e capirai cosa sto dicendo.

Immagine 2: EUR/USD volatilità giornaliera

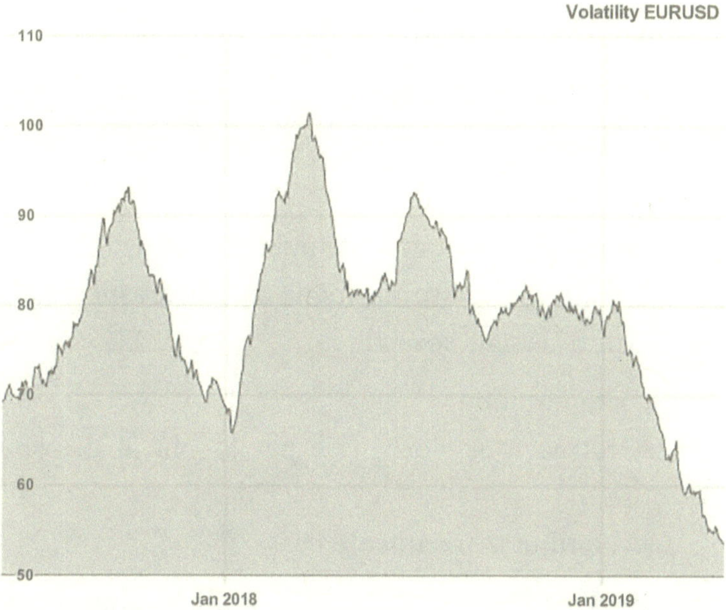

Quindi, se all'inizio del 2018, si verificava ancora una buona fluttuazione giornaliera di 100 pips in EUR/USD, questa diventava di soli 52 pips un anno dopo. Ciò significa che, come trader, puoi aspettarti una fluttuazione giornaliera massima di 52 pips su questa coppia di valute. Nota: parlo di massima fluttuazione. Quindi, stiamo misurando dall'alto verso il basso della giornata e nessun trader al mondo è noto per essere in grado di scambiare il massimo e il minimo del giorno e trarne un profitto. Se ci fosse qualche profitto, ovviamente, questo sarebbe inferiore a 52 pips.

Ciò significa che la coppia di valute più importante del mondo si sposta di meno dello 0,5% per giorno di trading.

Dovresti dunque chiederti se vale la pena fare trading su un mercato del genere, se non si verifica quasi alcun movimento.

Facciamo un riassunto. Il mercato dei cambi è attualmente (a partire da luglio 2019) caratterizzato da 3 caratteristiche speciali:

1. Alta liquidità
2. Fluttuazioni giornaliere per lo più al di sotto dell'1%
3. Volatilità storicamente bassa

Se guardi questi tre dati, ti diventerà chiaro che qualsiasi operatore di trading che si avvicini a questo mercato con tecniche di trading tradizionali avrà difficoltà ad avere successo.

Ne consegue che il forex trading funziona meglio con strategie che tengono conto delle peculiarità sopra menzionate. Potrebbero esserci delle eccezioni a questa regola (la crisi finanziaria del 2008 e la crisi dell'euro nel 2012 rappresentano due eccezioni). Tuttavia, le specifiche di cui sopra si applicano nell'80% del tempo. Un operatore di forex è quindi bravo a valutarle al meglio e prenderle in considerazione nella scelta della strategia o delle strategie da u tilizzare.

Ecco perché mi è venuta l'idea di introdurre alcune strategie comprovate che riflettano accuratamente queste peculiarità. Queste strategie sono facili da capire e attuare. Ma c'è un prerequisito: determinati fenomeni e pattern accadono ricorrentemente nel forex e gli operatori cercano di trarne un profitto.

Strategia 1: La strategia del numero tondo

Coloro che studiano i grafici dei rapporti di cambio scoprono che il mercato spesso raggiunge il cosiddetto "numero tondo" e ricomincia temporaneamente a correre nell'altra direzione. Per "numero rotondo" intendo ad esempio 1.1200 in EUR/USD o 0.9800 in USD/CHF o 1.3200 in USD/CAD.

Ovviamente, non affermo che il mercato giri sempre una volta raggiunto questo numero tondo, cioè non appena, ad esempio, EUR/USD raggiunge 1.1200 o 1.1100. Tuttavia, ho osservato che ci sono più ordini di acquisto o di vendita intorno a questi numeri tondi, che devono essere eseguiti non appena EUR/USD raggiunge tale livello. E ovviamente questo ha delle conseguenze sull'andamento dei prezzi. La prima strategia cerca di capitalizzare su questo fatto assumendo la "probabilità" che il mercato giri, almeno temporaneamente.

Immagine 3: USD/CAD, grafico orario

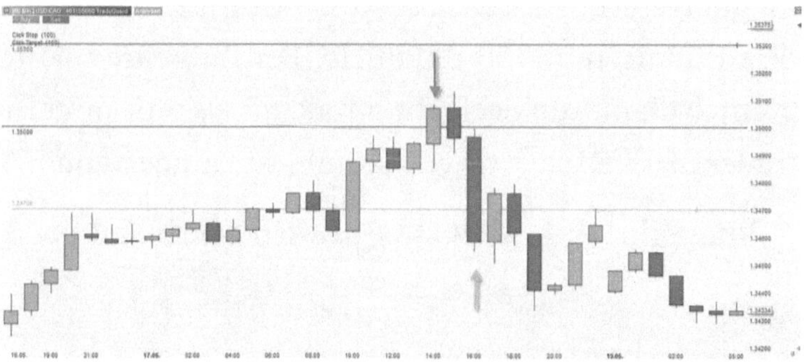

L'immagine 3 mostra un esempio di come funziona questa semplice strategia. La linea centrale rappresenta il livello del numero tondo. Al momento dello screenshot, era 1.3500 nella coppia di valute USD/CAD. In questo caso, il trader effettua un ordine di vendita limite esattamente a 1.3500 (freccia rossa superiore) con uno stop loss di 30 pips, ovvero 1.3530. La linea orizzontale rossa in alto mostra il livello di stop loss. L'obiettivo del prezzo è inferiore di 30 pips e attende il raggiungimento di 1.3470 (linea orizzontale verde in basso). Il mercato ha raggiunto questo obiettivo di prezzo dopo due ore (freccia verde in basso). Come puoi vedere, questo è accaduto senza colpire l'ordine di stop loss a 1.3530.

Di conseguenza, il trader crea un "campo da gioco" per un totale di 60 pips. Trenta pips di rischio e trenta pips di probabilità. Pertanto, lavora con un rapporto di rendimento del rischio di 1: 1. Rischia 30 pips per vincere esattamente 30 pips. Se ha ragione nel 50%

dei casi, vincerà tutti i pips che perde. Quindi deve raggiungere un tasso di successo di oltre il 50% per fare trading in modo redditizio. Per illustrare questo evento, diamo un'occhiata ad alcuni esempi in cui il trader ha effettuato diversi scambi su "numeri tondi".

Immagine 4: USD/CAD, grafico orario a 4 ore

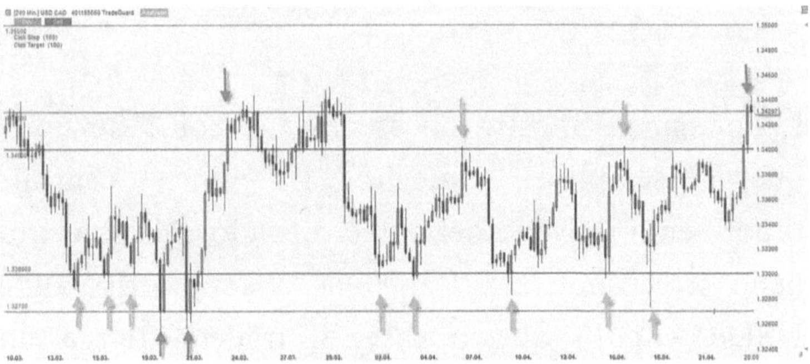

In questo esempio, il trader ha effettuato un totale di 14 operazioni. Le frecce verdi simboleggiano le "operazioni vincenti", quelle rosse le "operazioni perdenti". Sono state effettuate 10 operazioni long e 4 operazioni short. La coppia era in un movimento laterale in questa fase, approssimativamente tra 1.3400 e 1.3300 (tra le linee orizzontali blu interne). Come puoi vedere, la maggior parte delle volte la coppia ha girato attorno al numero tondo. Dieci operazioni su quattordici si sono concluse con un profitto. Ciò comporta le seguenti performance:

Trade redditizi: 10 x 30 pips	=	300 pips
Trade in perdita: 4 x 30 pips	=	- 120 pips
Totale:		**180 pips**

Il trader è stato quindi in grado di generare un risultato di 180 pips in questo periodo. Ciò corrisponde a un tasso di successo del 71,43%, che è ovviamente eccellente. Ma non dovresti dimenticare che egli lavora con un rapporto di rischio/rendimento di 1:1. Quindi deve raggiungere un tasso di successo superiore al 50% per operare proficuamente.

Nel seguente esempio, possiamo vedere che questo non è sempre così facile.

Immagine 5: USD/CHF, grafico orario a 4 ore

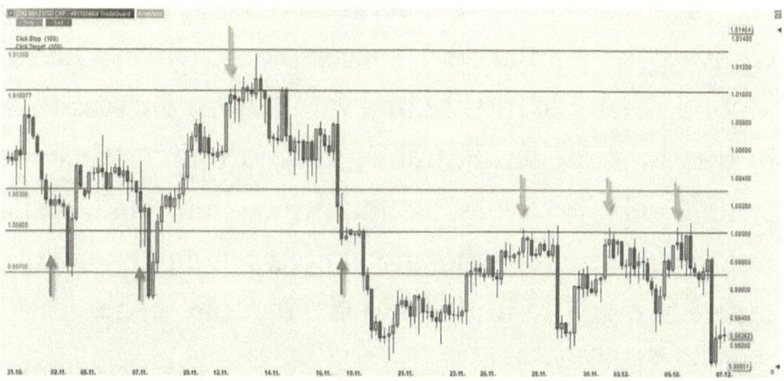

In questo esempio, il trader ha operato sulla coppia di valute USD/CHF (dollaro americano - franchi svizzeri). La coppia si è mossa tra 1.0000 e 0.9900 durante questo periodo. In altre parole, la coppia ha girato intorno alla cosiddetta parità (1 a 1), il che significa che si è ottenuto esattamente un franco svizzero per ogni dollaro.

La coppia ha toccato il "numero tondo" sette volte durante questo periodo. Il trader è stato in grado di effettuare 7 operazioni. Tuttavia, non ha avuto tanto successo qui come in USD/CAD. È stato in grado di completare quattro operazioni con un guadagno e tre con una perdita. Il trader ha ottenuto il seguente risultato:

Trade redditizi: 4 x 30 pips	= 120 pips
Trade in perdita: 3 x 30 pips	= - 90 pips
Totale:	**30 pips**

Come puoi vedere, il trader ha dovuto "lavorare" molto di più per realizzare un profitto, ma era comunque un profitto. Quattro operazioni vincenti su sette equivalgono a un tasso di successo del 57,14%. Questo secondo esempio mostra una valutazione più realistica di questa strategia. Potrebbe sembrare una delusione o una debolezza per alcuni principianti, ma, nella mia esperienza, questi sono ancora risultati eccellenti, grazie ai quali un trader può vivere molto bene.

Supponiamo che il trader scelga questa strategia. Fa una media di 20 operazioni al mese e il suo tasso di successo si assesta intorno al 60%. Raggiunge il seguente risultato mensile:

Trade redditizi: 12 x 30 pips	= 360 pips
Trade in perdita: 8 x 30 pips	= -240 pips
Totale:	**120 pips**

In tal caso, il trader realizzerebbe un profitto medio di 120 pips al mese. Potrebbe essere un risultato "deludente" per alcuni, specialmente se si parte dal presupposto molto ottimista che con il day trading o lo scalping nel mercato forex si possano realizzare 50 pips al giorno. Posso dirti per esperienza che solo pochissimi trader (se ce ne sono davvero) lo ottengono.

Ma ottenere un solido rendimento mensile di 120 pips è abbastanza fattibile per qualsiasi operatore che utilizzi questa strategia. Per inciso, dipende dalla dimensione della posizione - e da cosa significano 120 pips per te in dollari. Se fai trading con un cosiddetto mini lotto (10.000 USD), non diventerai ricco con un risultato di 120 USD al mese. Ma se operi su un lotto standard (100.000 USD), potresti guadagnare 1.200 USD al mese.

Tuttavia, se sei in grado di raggiungere questo risultato su base regolare, hai davvero tutte le porte aperte per una carriera di trading di successo. Puoi quindi farti strada con il tuo capitale di trading e presto potresti essere in grado di operare su due o tre lotti standard. Oppure potresti mettere le tue competenze a disposizione degli investitori di tutto il mondo che vorrebbero "capitalizzare" il tuo conto di trading. Potresti quindi iniziare a fare trading con posizioni molto più consistenti.

In questo modo, hai maggiori probabilità di guadagnare un reddito superiore a 10.000 USD al mese. Nel mio libro: "Come avviare un'attività di trading con 500 USD" ho spiegato come fare La strategia dei numeri tondi funziona bene con le seguenti coppie di valute: USD/CAD, USD/CHF, AUD/USD, NZD/USD, EUR/JPY, USDJ/PY, EUR/GBP ed EUR/CHF.

Consiglio di evitare le coppie più conosciute EUR/USD e GBP/USD con questa strategia. Otterresti risultati inferiori alla media qui con la strategia a 30 pips. Molti trader in tutto il mondo operano su queste due coppie, rendendo le probabilità di effettuare trading redditizi molto basse.

La strategia è una pura strategia "imposta e dimentica". Ciò significa che dovresti sempre lavorare con ordini bracket. Imposta un ordine di acquisto o di vendita limite sul numero tondo, a seconda che tu voglia andare long o short. Allo stesso tempo, il tuo ordine attiverà un target di prezzo di 30 pips e un ordine stop loss di 30 pips. Una volta che il trading è piazzato sul mercato, puoi spegnere il computer, perché è il mercato che decide se raggiungere prima l'obiettivo di prezzo o lo stop.

Quindi puoi utilizzare questa strategia anche se hai ancora un giorno di lavoro. Puoi farlo impostando i tuoi limiti al mattino nelle coppie di valute su cui vuoi operare. Grazie agli ordini bracket, non è necessario fare da babysitter ai trade.

Strategia 2: La Strategia Stop Hunting

La seconda strategia è una semplice "strategia di momentum", basata sul presupposto che i grandi attori del mercato dei cambi amano "inseguire" gli stop attorno al numero tondo. Sebbene tutti sappiano che non si dovrebbe piazzare lo stop al numero tondo, molti ordini di stop vengono ancora piazzati a questo livello, principalmente dai partecipanti al mercato istituzionale.

L'idea di questa strategia è precisamente che si può presumere che, non appena il mercato si avvicina al numero tondo, i trader di momentum "daranno la caccia" al numero tondo (e agli stop a quel punto). La strategia presuppone che se il mercato è a soli 15 pips dal numero tondo, di solito lo raggiungerà. La prossima immagine illustra questa strategia.

Immagine 6: USD/CAD, grafico a 15 minuti

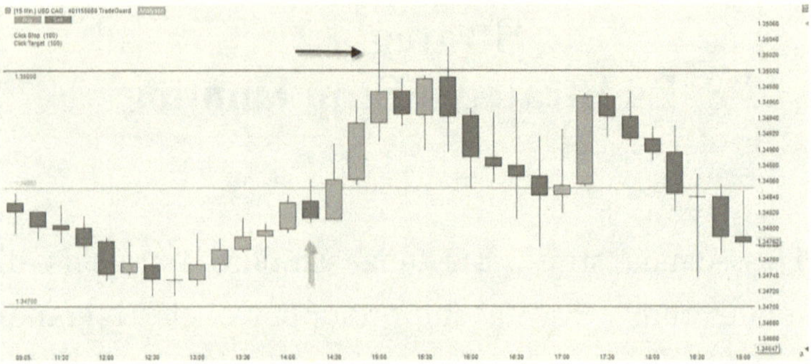

In questo esempio, nel rapporto di cambio USD/CAD, il mercato si è avvicinato al numero tondo 1.3500. Non appena ciò accade, il trader effettua un ordine stop-buy a 1.3485, ovvero 15 pips sotto il numero tondo (freccia verde in basso). Come puoi vedere, il mercato ha raggiunto l'obiettivo di prezzo (linea orizzontale e freccia in alto) dopo quattro candele. La linea orizzontale rossa in basso mostra il livello di stop loss, che era 15 pip al di sotto del valore, ovvero 1.3470.

Il trader cerca di trarre profitto dalla "corsa" prevista sul numero tondo. Gli ultimi 15 pips, per così dire. È disposto a correre 15 pips di rischio perché presume sia maggiore la probabilità che il numero tondo venga toccato prima che il mercato rimanga indietro.

Ancora una volta, il trader lavora con un rapporto di rischio/rendimento di 1:1. Rischia 15 pips per vincere 15 pips. Questa strategia è facile da implementare con ordini bracket. Se il trader lascia il suo trading desk dopo l'ingresso, può tornare dopo un'ora per determinare il guadagno realizzato di 15 pips.

Immagine 7: USD/CAD, grafico orario

In questo esempio, il trader ha effettuato cinque operazioni con questa strategia, di cui tre erano operazioni vincenti (frecce verdi) e due operazioni perdenti (frecce rosse). Complessivamente, il trader è andato quattro volte long appena prima del valore stabilito di 1.3500 e una volta poco prima di 1.3400. L'obiettivo di profitto di 15 pips e la distanza di stop-loss di 15 pips fanno da cornice al "campo di gioco" di questa semplice strategia.

Ancora una volta, il trader dovrebbe anche aspettarsi il regolare verificarsi di transazioni in perdita. Come sempre nel trading, dipende dal rapporto tra profitti e perdite, che si spera venga deciso a vantaggio del trader. Nell'esempio nell'immagine 7 abbiamo ottenuto il seguente risultato:

Trade redditizi: 3 x 15 pips	=	45 pips
Trade in perdita: 2 x 15 pips	=	- 30 pips
Totale:		**15 pips**

Come puoi vedere, il risultato di questa strategia sembra a prima vista modesto, ma questa percentuale di successo del 60% mi sembra realizzabile, con un po' di pratica. Anche con questa strategia, eviterei le due coppie EUR/USD e GBP/USD e mi concentrerei sull'elenco di cui sopra relativo alla strategia 1. È interessante notare che la maggior parte dei principianti operano invece su EUR/USD e GBP/USD, sebbene sia stato dimostrato che queste sono le coppie più difficili su cui fare trading.

Considera il forex trading come un gioco di probabilità

Naturalmente, esistono alcune possibili varianti di queste due strategie e ci sono operatori che le utilizzano con parametri leggermente modificati. Prima di modificare i parametri nelle strategie che ho presentato in questo libro, però, dovresti testare le modifiche per un po' prima scendere in campo.

Il trading sul forex è molto diverso rispetto al trading con le azioni o i futures. Dovresti quindi affrontare la questione con le giuste strategie (adeguate al mercato). Come ho detto all'inizio, secondo me le "strategie di range", che si basano su un rapido movimento di pochi pips, sono le migliori nel forex, a causa delle tre caratteristiche di cui sopra relative a questo mercato.

Queste due strategie sono buoni esempi di come costruire gradualmente un'attività di trading, sulla base di probabilità calcolate. Dal momento che gli schemi del forex trading si ripetono più e più volte, puoi affrontare la questione con metodi molto semplici e lasciare che la matematica lavori per te a lungo termine. Come sai, devi solo guadagnare un po' più di profitto rispetto alle perdite per fare una fortuna nel forex. Ecco perché penso che sia meglio avvicinarsi sistematicamente alle cose. Le due strategie presentate in questo libro sono un primo passo in questa direzione.

PARTE 2:
DUE STRATEGIE
CON PIVOT SETTIMANALI

PARTE 2:
DUE STRATEGIE
CON PIVOT SETTIMANALI

Come fare trading con la tecnica dei pivot settimanali

Proprio come nelle due strategie con il numero tondo (Parte 1 di questa serie), vorrei presentare ora due strategie con i "pivot settimanali". Se non hai familiarità con il concetto dei pivot, ti spiegherò brevemente cosa significano.

I punti pivot, o semplicemente "pivot", sono stati originariamente sviluppati dai trader delle materie prime al fine di determinare potenziali punti di svolta. Venne fatta una distinzione tra il pivot stesso e tre livelli di resistenza e tre di supporto. Il pivot è il punto cardine della giornata di trading. È la media dei prezzi alti, bassi e di chiusura della giornata di trading precedente. Se la coppia forex viene scambiata al di sopra del pivot, questo generalmente indica un sentiment rialzista. Al contrario, se la coppia viene scambiata al di sotto del pivot, si parla di sentiment ribassista e di una maggiore probabilità di assumere posizioni short.

I tre livelli di supporto e resistenza, anch'essi calcolati sulla base della giornata di trading precedente, sono altrettanto importanti. Servono al trader pivot come possibili livelli di ingresso per i trade o come potenziali target di prezzo.

Così come è possibile calcolare i punti pivot su base giornaliera, puoi anche calcolarli su base settimanale o su base mensile. La maggior parte delle piattaforme di trading ha già implementata automaticamente questa possibilità. Bastano pochi clic per installarli su un grafico.

Immagine 1: USDJPY, grafico a 4 ore, pivot settimanali, dal 30/09 al 04/10/2019

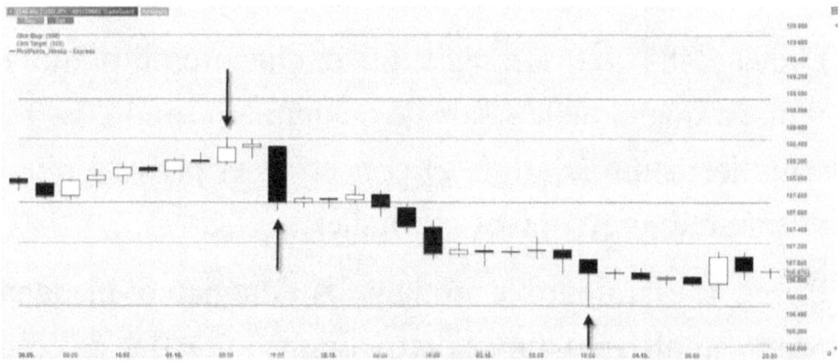

L'immagine 1 mostra i pivot settimanali della settimana dal 30 settembre al 4 ottobre 2019 nel rapporto di cambio USDJPY. Le sette linee orizzontali sono state calcolate automaticamente dalla piattaforma del mio broker, sulla base dei dati di chiusura della settimana precedente. La linea di mezzo è il pivot stesso. Sopra di esso, puoi vedere le tre resistenze R1, R2 e R3. Sotto sono riportati i tre livelli di supporto S1, S2 e S3.

Come puoi vedere, USD/JPY è stato inizialmente scambiato nella direzione del livello R1 e lo ha raggiunto in modo abbastanza accurato a mezzogiorno dell'1 ottobre. Poi è tornato verso il pivot settimanale nel pomeriggio. Il giorno successivo, USD / JPY è stato scambiato sotto il pivot e ha raggiunto S1 nel pomeriggio, per poi scendere al di sotto di quel livello. Nel pomeriggio del 3 ottobre, USDJPY ha raggiunto il livello S2.

A parte il contatto con S1 il 2 ottobre, il mercato si è mosso praticamente in corrispondenza di ogni livello di pivot. A volte questo accade esattamente su un pip. Inutile dire che come trader puoi trarne vantaggio.

L'idea delle due strategie pivot che presento qui è simile a quella delle strategie del numero tondo. Le ho semplicemente adattate al concetto dei pivot. I pivot settimanali, non i pivot giornalieri!

Prima di esaminare le strategie più da vicino, bisogna prima analizzare un aspetto importante del calcolo dei pivot.

Immagine 2: Pivot settimanali di USDCAD dal 30/09 al 18/04/2019

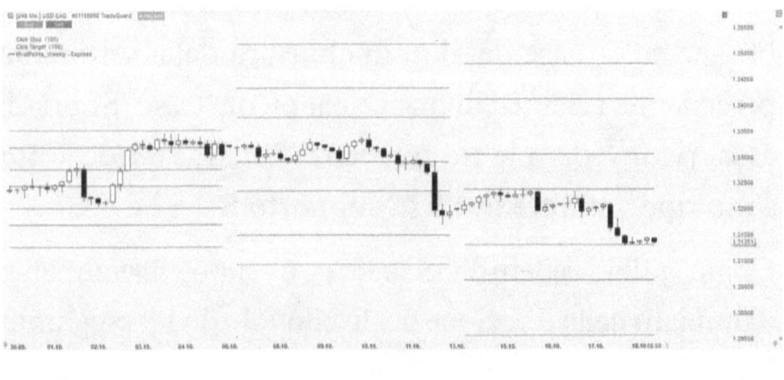

Dai un'occhiata più da vicino all'immagine 2. Mostra le linee pivot per le tre settimane dal 30 settembre al 18 ottobre, per il rapporto di cambio USDCAD. È facile vedere che le linee pivot sono vicine tra loro nella settimana dal 30/09 al 04/10 (a sinistra del grafico). La distanza tra le singole linee quella settimana era a malapena di 30 pip. È ovvio che le strategie di scalping con target di 15 o anche 20 pip sono difficili da implementare qui. Vedremo perché ciò accade quando esamineremo più da vicino le due strategie.

Nella settimana dal 06/10 all'11/10 i livelli erano molto più ampi. Ciò è dovuto al fatto che la volatilità era improvvisamente aumentata nella settimana precedente. Inoltre, poiché le nuove linee pivot vengono calcolate sulla base dei dati di chiusura della settimana precedente, le linee pivot per la seconda settimana erano molto più ampie. Qui, la distanza tra il pivot e la R1 era di 87 pip. Questo è ovviamente molto meglio per il trading. Nella settimana successiva (settimana dal 13/10 a 18/10) erano già stati superati i 100 pip.

Quindi, il trader deve adattare i suoi target di prezzo a queste condizioni se vuole avere successo con le sue strategie di scalping. Ad esempio, non ha senso lavorare con obiettivi di prezzo di 20 pip se la distanza tra il pivot e R1 è solo di 40 pip. Le due strategie chiariranno il motivo di ciò. Se la distanza è di 87 pip, come nella seconda settimana nella figura 2, i target di prezzo di 20 pip hanno un senso per me.

Un altro motivo per cui il trader dovrebbe evitare settimane con linee pivot strette è il fatto che i pivot spesso non vengono notati dai partecipanti sul mercato in tali settimane. Se si osserva nuovamente la prima settimana nella figura 2, si può vedere che USDCAD ha iniziato un rally leggermente al di sopra di S1 il 2 ottobre, che ha portato la coppia quasi a R3 in poche ore. Lungo la strada, il rapporto di cambio ha toccato il pivot, R1 e R2, e quindi ha quasi raggiunto R3. Questo è utile quando il trader sta lavorando con strategie che si basano sul raggiungimento rapido delle linee pivot. Certo, non è la strategia ottimale se invece mira al contrario.

Nel primo caso, sembra inizialmente favorevole, perché il mercato raggiunge rapidamente il target di prezzo. Tuttavia, se c'è solo un intervallo di 30 pip, il problema è trovare un punto di ingresso ragionevole. Dove inserire il trade se la distanza tra il pivot e R1 è solo di 35 pip, specialmente se si sta lavorando con obiettivi di prezzo di 15 o anche 20 pip?

Come regola generale, eviterei intervalli inferiori a 60 pip. Con 60 pip puoi almeno lavorare con obiettivi di prezzo di 15 pip, perché corrispondono a ¼ dell'intervallo. Questo ha senso ai miei occhi. Non toccherei nulla sotto a questo livello.

La maggior parte dei trader pivot nel Forex lavora con i pivot giornalieri. Cioè, con livelli di pivot che vengono calcolati ogni giorno, sulla base dei dati di prezzo del "giorno precedente", anche se a rigor di logica, non esiste nulla di simile nel Forex. Un motivo sufficiente per me per non farlo. Preferisco lavorare con i pivot settimanali, principalmente perché ritengo che siano più affidabili dei pivot giornalieri. Con questo intendo dire che i livelli costruiti sulla base dei dati della settimana precedente hanno maggiori probabilità di essere considerati dagli operatori più esperti rispetto ai livelli del giorno precedente.

Pertanto, le due strategie cercano di operare per mezzo di trade a breve termine sulla base di dati a medio termine. Potrebbe sembrare piuttosto poco ortodosso per alcuni trader, ma vedremo dagli esempi che dimostrano che un approccio di questo tipo può essere abbastanza redditizio.

Strategia 1: Fare trading sui pivot

Questa strategia è una variazione della prima strategia con il numero tondo, ma qui viene applicata ai pivot settimanali. Come mostra chiaramente l'esempio nell'Immagine 1, i partecipanti al mercato tendono a rispettare i livelli di pivot settimanali *al primo tocco.* E l'osservazione "al primo tocco" è alquanto significativa. Il trader dovrebbe operare solo sul primo tocco. Può astenersi in sicurezza da ulteriori tocchi con la stessa linea di pivot.

In tre dei quattro casi nell'Immagine 1, il mercato ha raggiunto quasi alla perfezione il livello di pivot, quindi ha girato nella direzione opposta. In questa strategia vogliamo sfruttare questo fatto piazzando ordini limite a livello del pivot e speculando su un contro-movimento di 15 pip. Ancora una volta, utilizziamo gli ordini bracket in cui, una volta eseguito il trade, l'ordine di stop automatico e quello di take profit si attivano. Quindi nulla è lasciato al caso. Ancora una volta, i parametri sono chiari e facili da capire. Abbiamo fissato un target di prezzo di 15 pip con un rischio sempre di 15 pip. Ciò significa che stiamo lavorando con un rapporto rischio-rendimento di 1: 1.

Detto questo, la strategia deve raggiungere un tasso di successo superiore al 50% per essere redditizia. Prima di tutto, diamo un'occhiata a un esempio della strategia.

Immagine 3: USDCAD, grafico da 15 minuti, 7 ottobre 2019

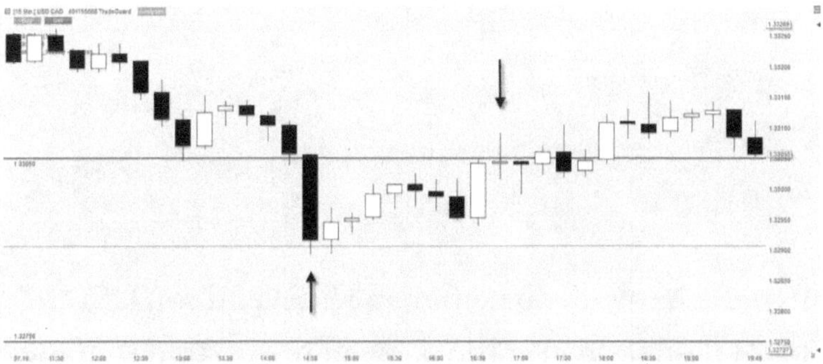

In questo esempio, il trader si aspettava che la coppia USDCAD ruotasse sul pivot e realizzasse almeno una contro-mossa da 15 pip. La linea di mezzo nell'immagine rappresenta il pivot di questa settimana a 1.3290. Il limite di acquisto era in attesa a questo punto. La linea superiore rappresenta il target di prezzo, che era di 15 pip più alto, 1.3305. La linea orizzontale inferiore era il livello di stop, a 1.3275. Come mostra l'esempio, USDCAD ha raggiunto il pivot alle 14.30 (ora europea) e ha girato quasi esattamente (freccia in basso, a sinistra). La coppia ha raggiunto l'obiettivo di prezzo alle 16:45 (freccia verso l'alto, a destra). Il trade non è mai stato in pericolo.

Osserveremo ora due settimane di “trading sul pivot” nel rapporto di cambio USDJPY.

Immagine 4: USDJPY, grafico orario dal 22/9 al 4/10/2019

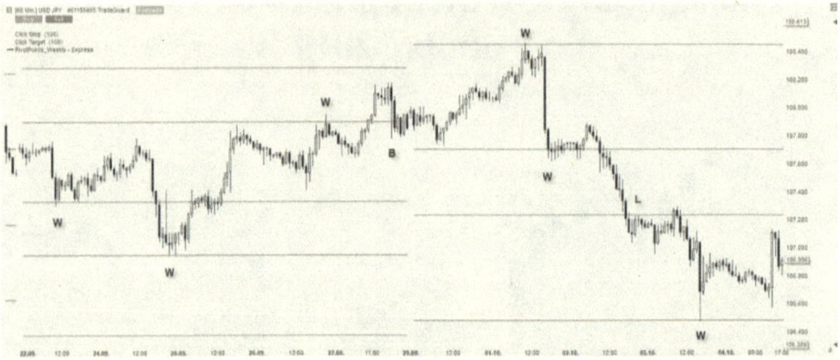

Il trader ha avuto due settimane eccellenti con USDJPY. In totale, è stato in grado di eseguire otto trade - quattro per ogni settimana. Nel grafico, ho contrassegnato i trade redditizi con la lettera W (Win) e quelli in perdita con L (Loss). C’è stata solo una perdita, il 2 ottobre. Qui, il mercato ha toccato il punto di stop. Ho segnato l’ultimo trade della prima settimana come B, o pareggio. Questo trade si muoveva a malapena e poteva quindi essere classificato come un pareggio, perché il trader l’ha chiuso al prezzo di entrata. Il risultato di due settimane di trading in USDJPY è simile al seguente:

Trade redditizi: 6 x 15 pip	= 90 pip
Trade redditizi: 1 x 15 pip	= -15 pip
Trade in pareggio: 1 x 0 pip	= 0 pip
Totale:	**75 pip**

Naturalmente, questi sono risultati eccellenti, ma, come mostra il prossimo esempio nell'Immagine 5, non sempre funziona in modo uniforme.

Immagine 5: USDJPY, grafico orario dal 15/7 al 16/7/2019

In queste due settimane, il mercato ha toccato quattro volte il pivot o le linee di resistenza / supporto. E solo uno di questi test ha portato al successo. Gli altri tre hanno comportato delle perdite. Ovviamente, gli operatori del mercato erano meno propensi a rispettare i pivot settimanali durante questo periodo, anche al primo tocco, il che spesso porta a un rimbalzo nella direzione opposta, che a sua volta è la premessa di questa strategia.

Potrebbe sorgere la questione se si debba fare trading di nuovo, qualora il trade venisse interrotto al primo tentativo e il mercato avesse un nuovo inizio sulla linea di pivot del target. Qui meglio essere cauto. Se il mercato raggiunge lo stop al primo tentativo, di solito questo è un segno che "il mercato" non è particolarmente preoccupato per i pivot settimanali.

Nella mia esperienza, è meglio aspettare fino a quando si presenta una nuova opportunità su un'altra linea pivot, verso l'alto o verso il basso.

Con questo tipo di strategie, è bene capire che la pazienza paga. Come puoi vedere nell'Immagine 5, a volte una coppia di valute non funziona così bene per due settimane. Ma ciò non significa che la strategia non funzioni a lungo termine.

L'Immagine 4 mostra che a volte è possibile ottenere risultati abbastanza buoni. Se si mettono insieme i risultati dell'Immagine 4 e dell'Immagine 5, si ottiene una valutazione realistica della strategia.

Trade redditizi: 7 x 15 pip	= 105 pip
Trade redditizi: 4 x 15 pip	= -60 pip
Trade in pareggio: 1 x 0 pip	= 0 pip
Totale:	**45 pip**

Quindi, il risultato totale di quattro settimane di trading in USDJPY sarebbe di 45 pip. Ciò darebbe alla strategia un tasso di successo totale del 58,33%. Il trader avrebbe raggiunto un risultato medio di 3,75 pip per operazione. Potrebbe non sembrare un risultato molto spettacolare, ma è assolutamente realistico ai miei occhi.

Se un trader desidera raggiungere un obiettivo mensile totale di 100 pip, in queste condizioni deve eseguire almeno 26.66 operazioni (3,75 x 26.66 = 100 pip). Se prendiamo in media il numero di 12 operazioni su USDJPY, dovrebbe applicare la strategia su almeno altre sette coppie di valute per ottenere il risultato desiderato.

Tuttavia, è bene agire con cautela qui. I trader più esperti di forex sanno che se una coppia di valute non funziona particolarmente bene, spesso vale lo stesso anche per le altre coppie di valute. Pertanto, non consiglierei di utilizzare la stessa strategia su un numero così elevato di rapporti di cambio "diversi". Tutte le coppie di valute sono fortemente correlate. Ciò significa che spesso mostrano risultati simili. Bisogna anche ricordare che il dollaro è sempre coinvolto, direttamente o indirettamente. Anche se il rapporto di cambio non comporta il termine "dollaro" nel nome, come nel caso di GBPJPY o EURCHF, la forza o la debolezza del dollaro ha sempre e comunque una certa influenza.

In altre parole, più coppie di valute vengono scambiate con una strategia simile, maggiore diventa il cosiddetto *rischio di cluster*. Questo rischio si verifica quando si ha unilateralmente investito in troppi strumenti della stessa classe di asset.

Preferirei consigliarvi di suddividere il rischio non aggiungendo più coppie di valute a una strategia, ma piuttosto applicando strategie diverse con target di prezzo diversi. Ne parlerò più in dettaglio nella quarta parte di questa serie di libri.

Strategia 2:
La strategia degli «ultimi 20 pip»

Proprio come la strategia di stop-hunting con il numero tondo, l'ultima strategia di 20 pip si basa sul presupposto che, quando il mercato si avvicina a uno dei pivot settimanali, di solito lo raggiungerà. Ciò significa che i trader di momentum guideranno la coppia verso il pivot settimanale una volta che sarà a pochi pip da esso. In questo senso, la strategia degli ultimi 20 pip è una strategia di momentum, perché si basa sul momentum finale che si presenta non appena il prezzo sembra essere vicino al livello di pivot.

Il motivo per cui ciò accade è sostanzialmente lo stesso della strategia dei numeri rotondi. Le linee pivot, e in particolare le linee pivot settimanali, esercitano una "forza magnetica" sui prezzi man mano che si avvicinano. Inoltre, i partecipanti al mercato presumono che il mercato cambierà non appena raggiungerà questo livello.

Ciò accade tanto più quando il mercato è in una fase laterale. Molti trader considerano i livelli dei pivot come obiettivi di prezzo per i trade esistenti. Naturalmente, possono anche utilizzarli come livelli di entrata. In tal

caso, si eseguono delle operazioni in controtendenza, come la strategia "trading sul pivot", che ho trattato nella prima parte.

Quando il trader decide di utilizzare gli "ultimi 20 pip", la strategia vuole che egli cerchi di trarre profitto dagli ultimi 20 pip prima che il mercato raggiunga il livello di pivot. Qui il nostro target di prezzo è in attesa sotto forma di un ordine take profit. Di solito, utilizzo un obiettivo di profitto di 20 pip. Certo, posso modificarlo se la coppia di valute lo richiede (ad esempio, in tempi meno volatili o quando la coppia stessa non fluttua molto). In tal caso, preferirei lavorare con un obiettivo di prezzo di 15 pip.

Tuttavia, evito le coppie di valute con una bassa fluttuazione giornaliera, come AUDUSD o NZDUSD a settembre 2019. Qui bisognerebbe abbassare l'obiettivo di prezzo in misura tale che la strategia non potrebbe più essere redditizia. Non è impossibile scambiare queste coppie se si hanno delle eccellenti condizioni con i broker. Ma abbiamo abbastanza rapporti di trading su cui lavorare, quindi perché renderla difficile?

Con questa strategia, lavoro ancora una volta con un rapporto rischio / rendimento (RRR) di 1: 1. La ragione è semplice Suppongo che se il mercato si sta avvicinando al livello di pivot di 20 pip, è più probabile che sia attratto dal livello di pivot, piuttosto che fare un'altra deviazione nella direzione opposta.

Pertanto, sappiamo che abbiamo bisogno di un tasso di successo superiore al 50%, al fine di fare trading in modo proficuo. Sono consapevole che un obiettivo del genere non è sempre facile da raggiungere. Tuttavia, la mia esperienza è che può essere raggiunto se il trader professionista implementa la strategia in modo disciplinato. Perché ciò abbia successo, una strategia deve essere logica e il più semplice possibile.

Immagine 6: USD / JPY, grafico a 15 minuti, 12/9/2019

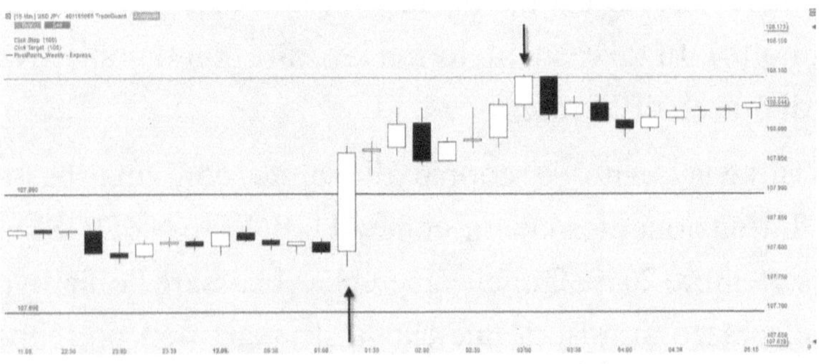

L'esempio sul grafico a 15 minuti di USD/JPY (Immagine 6) illustra la strategia. La linea orizzontale superiore rappresenta il livello R2 (Resist 2). Era a 108.09 in quella settimana e questo era il prezzo target per il trade. La linea di mezzo era 20 pip al di sotto di R2, e questo rappresentava il livello base a 107.89. Questo ingresso è stato attivato quando USD/JPY ha raggiunto questo livello (freccia, in basso a sinistra). Infine, il livello di stop-loss era in attesa 20 pip sotto, a 107.69 (linea orizzontale, verso il basso). Come puoi vedere dal grafico, il mercato ha raggiunto l'obiettivo di prezzo abbastanza rapidamente (freccia verso l'alto, a destra), mentre il mercato non ha toccato il livello di stop.

Questo non succede sempre, come mostrato nell'esempio seguente, nel grafico orario di USDCAD.

Immagine 7: USDCAD, grafico orario, dal 15/09 al 22/09/2019

Nella settimana dal 15 al 22 settembre 2019, USDCAD ha oscillato tra il livello di pivot (linea orizzontale, in basso) e R1 (linea orizzontale, in alto). Questo succede abbastanza spesso. I mercati Forex raramente raggiungeranno il pivot settimanale R3 o S3. Questo di solito accade quando la coppia mostra più di un comportamento di trend. Poiché sappiamo che i mercati forex tendono a muoversi lateralmente per la maggior parte del tempo, il trading avverrà principalmente attorno al pivot settimanale. Gli obiettivi di prezzo sono quindi generalmente R1 o S1, o il pivot stesso, come nella Figura 7.

Dopotutto, il trader è stato in grado di effettuare 6 operazioni in questa settimana, ma solo una di esse è stata redditizia e cinque hanno portato a una perdita. Questi i risultati:

Trade redditizi: 1 x 20 pip	=	20 pip
Trade in perdita: 5 x 20 pip	=	-100 pip
Totale:		**-80 pip**

Il trader ha dunque subito una perdita di -80 pip in questo rapporto di cambio. Si tratta ovviamente di un risultato insoddisfacente, ma è perfettamente normale. A ogni operatore possono capitare settimane del genere e, allo stesso tempo, dovrebbe essere un avvertimento per quei trader che credono di poter guadagnare facilmente con il forex. Niente è più lontano dalla verità. Il forex trading è come qualsiasi altra forma di trading: un duro lavoro. Solo coloro che attuano le proprie strategie in modo disciplinato hanno la possibilità di ottenere il successo. Se ti trovi di fronte a una di queste "settimane sfortunate", sappi che avrai anche settimane in cui le cose filano dritte, come mostra l'esempio seguente nella Figura 8.

Immagine 8: USD / CAD, grafico orario, dal 18/8 al 1/9/2019

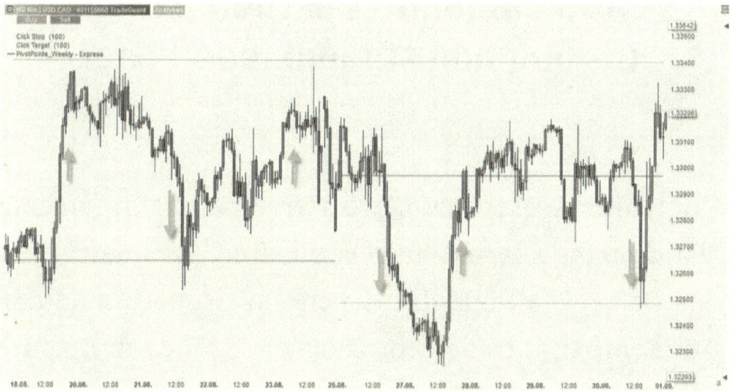

Nelle due settimane dal 18 agosto 2019 al 1 settembre 2019, il trader è stato in grado di eseguire sei operazioni che hanno tutte ottenuto un profitto (frecce nel grafico). Certo, si vorrebbe che fosse sempre così.

Per quanto riguarda l'obiettivo di profitto di 20 pip, il trader dovrebbe rimanere flessibile. Se la distanza tra il pivot e R1 è pari o inferiore a 60 pip, non ha senso lavorare con un target di prezzo di 20 pip. Qui, 15 pip dovrebbero bastare. Se la distanza tra i due livelli diventa ancora più piccola, dovresti smettere di adottare la strategia.

Se sommiamo i risultati dell'Immagine 7 e 8, otteniamo un'idea realistica di cosa sia veramente il trading forex.

Trade redditizi: 7 x 20 pip	= 140 pip
Trade in perdita: 5 x 20 pip	= -100 pip
Totale:	**40 pip**

Un profitto di 40 è un buon risultato per tre settimane di trading? Risposta: Assolutamente sì. È un buon risultato.

Devo cambiare i parametri se il trading non sta andando bene?

Come ultima osservazione, vorrei rispondere brevemente alla domanda se ha senso cambiare i parametri delle due strategie, al fine di ottenere un risultato migliore. Ad esempio, il trader potrebbe avere l'idea di operare con un target di prezzo di 20 pip e uno stop loss di soli 15. In questo modo, migliorerebbe i risultati complessivi delle sue vincite. Certo, è vero. Allo stesso tempo, tuttavia, con questi parametri, probabilmente ridurrebbe il suo tasso di successo. Invece di un tasso di successo del 58%, sarebbe improvvisamente in grado di raggiungere solo il 54%, o anche meno. Pertanto, il risultato finale non cambierebbe molto.

Naturalmente, puoi considerare di modificare i parametri di un sistema e, onestamente, è esattamente quello che decide di fare ogni operatore se le cose non vanno bene per un po'. La domanda è se modificare i parametri sia la soluzione migliore in una situazione del genere. Sfortunatamente, questa misura distorce le tue statistiche, la cui analisi continua è fondamentale per costruire un'attività di trading redditizia (e anche per convincere potenziali investitori).

A mio avviso, è meglio ignorare gli svantaggi che si trascinano per alcune settimane e continuare "stoicamente" a fare trading. Se dovesse risultare, dopo un lungo periodo, che la redditività non sta ritornando, allora si dovrebbe prendere seriamente in considerazione l'idea di togliere la strategia dal mercato.

La modifica prematura dei parametri in caso di perdite temporanee solitamente indica che sta operando un trader dilettante. Spesso è il trader che sceglie di operare con un'unica strategia. Se c'è solo una strategia attiva, sei molto più dipendente dai risultati di quella strategia.

I professionisti (hedge fund e altri investitori istituzionali) in genere scelgono una varietà di strategie e le confrontano tra loro. Se una di loro si comporta in modo un po' meno efficace (e potrebbe esserci sempre una o più strategie che non si comportano altrettanto bene), allora confrontano i risultati con i dati storici o con i risultati delle strategie che funzionano bene. I professionisti non si innervosiscono perché hanno subito qualche perdita in una particolare coppia di valute per due o tre settimane di fila.

PARTE 3:
TRADING CON IL MASSIMO E IL MINIMO SETTIMANALE

Introduzione al trading con il massimo e il minimo settimanale

Proprio come i punti pivot e il numero tondo, i massimi e i minimi degli ultimi giorni o settimane rappresentano livelli significativi nel grafico che vengono notati da molti partecipanti al mercato. Per i day trader, ovviamente, i minimi e i massimi del giorno precedente sono di particolare importanza. Quando il mercato supera o scende al di sotto di questi livelli, dà al trader un segnale che sta abbandonando il range del giorno precedente.

Questi livelli di prezzo sono ancora più importanti se guardiamo al timeframe settimanale. Dopotutto, il massimo della settimana precedente significa che questo era il prezzo più alto che gli operatori erano disposti a pagare per una particolare coppia di valute. Lo stesso vale, ovviamente, per il minimo della settimana precedente: il prezzo minimo che gli operatori erano ancora disposti a pagare per la coppia. In nessun altro giorno della settimana precedente qualcuno ha pagato un prezzo più alto o più basso.

Se il mercato si avvicina nuovamente a tale livello di prezzo nella settimana successiva, attira automaticamente l'attenzione degli operatori di mercato. Perché, quando ciò accade, sorge la domanda se il mercato si muoverà di nuovo su questo livello (come nella settimana precedente) o no? O se questa volta il mercato supererà questo livello di prezzo? E se questo evento finirà forse all'interno del range della scorsa settimana?

Un simile evento è abbastanza significativo. Può comportare l'inizio di un nuovo trend o la continuazione di uno esistente. Non stupisce quindi che questi livelli di prezzo attirino l'attenzione degli operatori del mercato. E ciò che attira l'attenzione genera automaticamente l'interesse di quegli operatori ai quali piace saltare sui treni che corrono a tutta velocità in una certa direzione. Sono i cosiddetti trader di momentum, che vogliono trarre profitto dall'attrazione di tali livelli.

Pertanto, ha senso - analogamente alle strategie con il numero tondo e i pivot - sviluppare tattiche che sfruttano questo fatto.

Se il mercato scende brevemente al di sotto del massimo della settimana precedente, si pone la questione se sia più probabile che ne sia attratto o meno. E in secondo luogo, ci si pone la domanda se il mercato continuerà a muoversi quando raggiungerà questo livello o se lo spingerà indietro di qualche pip. Le due strategie presentate qui affrontano esattamente questo problema.

Qui, come ovunque nel trading Forex, sorge la domanda: esiste una maggiore probabilità che questo o quello scenario si verifichi a lungo termine?

Se la probabilità è solo un po' più alta del suo contrario, sappiamo che abbiamo guadagnato un piccolo vantaggio rispetto al "mercato".

Se ciò non fosse possibile e i sostenitori della teoria dell'efficienza del mercato avessero ragione, qualsiasi considerazione sulla gestione del trading sul Forex sarebbe ovviamente inutile sin dall'inizio.

Il trading Forex non è altro che ottenere un piccolo vantaggio, che noi definiamo un *edge*. Per i trader nel Forex, è quindi importante che questo o quello scenario si verifichino con una probabilità superiore rispetto al suo contrario. Per chi non è del mestiere, questo può sembrare insignificante. Ma un operatore sa che questa piccola differenza può essere la base di un'attività di trading redditizia.

Strategia 1: Insegui i massimi e i minimi settimanali

La prima strategia affronta l'attrazione che il massimo o il minimo di una settimana precedente hanno sul prezzo. Partiamo dall'osservazione che non appena il prezzo attuale sarà a pochi pip da questi livelli, verrà automaticamente attratto da essi, come oggetti metallici da potenti magneti. "L'inseguimento del massimo e minimo settimanale" presuppone che vi sia una maggiore probabilità che il mercato si muova verso questo livello piuttosto che il contrario. La Figura 1 illustra il principio della strategia.

Figura 1: USDJPY, grafico a 15 minuti, 15/10/2019

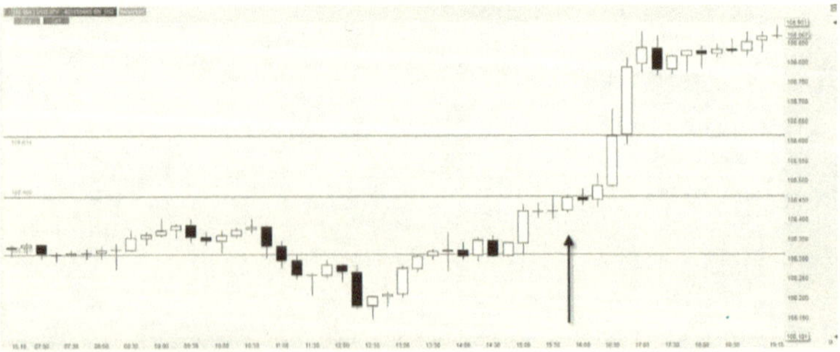

In questo esempio, con USDJPY, il massimo della settimana precedente era di 108,61 (linea orizzontale superiore). Dopo essersi inizialmente mosso lateralmente il 15 ottobre, il mercato si è avvicinato a questo livello poco dopo l'inizio delle contrattazioni in America, intorno alle 15:30 ora europea. Di conseguenza, l'ordine stop buy è stato eseguito a 108,46 (linea orizzontale centrale e freccia sul grafico). Un po' più tardi, il prezzo ha raggiunto il massimo della settimana precedente. La posizione è stata chiusa, grazie a un ordine di take profit automatico, con un profitto di 15 pip.

La linea orizzontale inferiore, a 108.31, rappresenta il livello in cui l'ordine di stop loss era in attesa. Come puoi vedere chiaramente, il trade non è mai stato in pericolo. Poiché il trader stava lavorando con un ordine bracket, l'ordine stop-loss è stato automaticamente chiuso quando il mercato ha raggiunto il prezzo target.

Come per le prime quattro strategie di questa serie, lavoriamo con un rapporto di rischio - rendimento 1:1, rischiando 15 pip per guadagnare 15 pip, perché crediamo che nella maggior parte dei casi, il prezzo raggiungerà l'obiettivo di prezzo prima dell'ordine stop loss.

Ora, naturalmente, "probabilità" significa anche che in molti casi ciò non accadrà. Pertanto, il trader dovrà tenere conto dei trade in perdita in questa strategia, come nel caso di ogni strategia.

Figura 2: USDJPY, grafico giornaliero, 2/09 – 17/10/2019

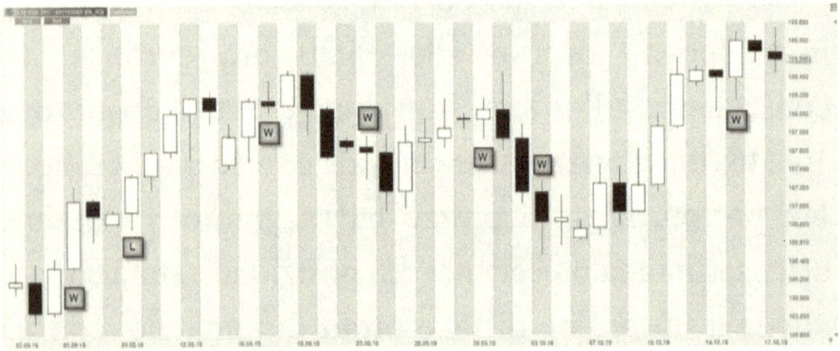

Il grafico giornaliero della coppia di valute USDJPY illustra il numero di operazioni che realisticamente è possibile ottenere con questa strategia. In totale, la coppia ha raggiunto sette volte il minimo o il massimo della settimana precedente. In sei dei sette casi il trade ha raggiunto il target di prezzo. Solo una volta, il 9 settembre si è verificata una perdita. Per questo periodo, il risultato è il seguente:

Trade in profitto: 6 x 15 pip	= 90 pip
Trade in perdita: 1 x 15 pip	= -15 pip
Totale:	**75 pip**

Si tratta, ovviamente, di un risultato eccellente, ma non è sempre ovvio seguendo questa strategia.

Figura 3: USDCAD, grafico giornaliero, 2/09 – 20/10-2019

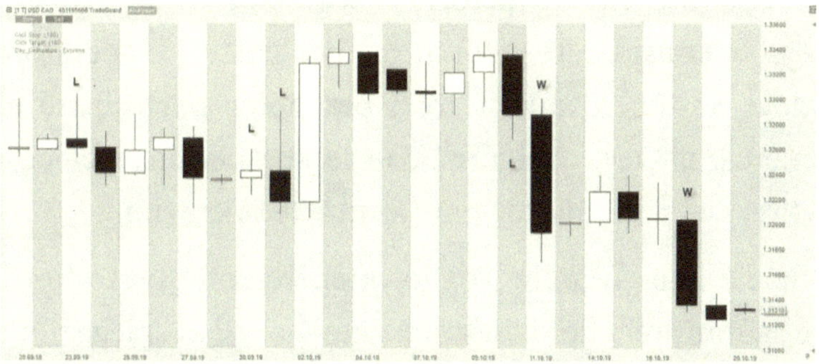

La Figura 3, al contrario, illustra chiaramente cosa può accadere in un'operazione diversa. Durante questo periodo, il trader ha eseguito sei operazioni su USDCAD, quattro delle quali erano risultate in perdita. Il risultato è stato il seguente:

Trade in profitto:	2 x 15 pip	= 30 pip
Trade in perdita:	4 x 15 pip	= -60 pip
Totale:		**-30 pip**

Se sommiamo i risultati dei due periodi di trading (figure 2 e 3), otteniamo il seguente risultato finale:

Trade in profitto:	8 x 15 pip	= 120 pip
Trade in perdita:	5 x 15 pip	= -75 pip
Totale:		**45 pip**

Ora, un principiante potrebbe essere deluso da un "risultato" di questo tipo dopo un mese e mezzo di forex trading. Ma, come ho detto prima, lo attribuisco alle aspettative esagerate che stimolano molti forum sul forex. Il trading forex è un business, come qualsiasi altro, e deve quindi essere trattato e visto come tale. È risaputo che le "perdite" nel trade non dovrebbero essere considerate nient'altro che "costi". L'operatore deve sostenere questi costi per poter partecipare al mercato. Deve "pagare" con le sue perdite, per così dire, per poter partecipare a tutte le operazioni.

Se c'è una cosa che voglio ottenere con questo libro, è garantire che il lettore ottenga una spiegazione realistica del significato del forex trading, ma voglio anche mostrare ai trader ciò che possono ottenere. A mio avviso, questi 45 pip sono sufficienti per costruire un'attività di trading di successo.

Ora, il lettore potrebbe obiettare che questa strategia non fornisce abbastanza segnali. Questo è vero: è una conseguenza del fatto che la strategia funziona con i massimi e i minimi della settimana precedente. Il mercato non raggiunge mai quei livelli ogni singola volta. Inoltre, ci sono anche settimane in cui non tocca né il massimo né il minimo della settimana precedente (le cosiddette settimane interne). Proprio per questo motivo, il trader non dovrebbe solo applicare la strategia a una coppia di valute, ma a diverse e dovrebbe poi combinarla con le altre strategie.

Strategia 2: Stretch settimanale con il massimo e il minimo

Infine, daremo uno sguardo alla seconda strategia, che si basa sui massimi e i minimi delle settimane precedenti. Le mie ricerche e i miei test hanno dimostrato che ai mercati forex piace mettere in scena "una leggera esagerazione" quando raggiungono questi livelli. Cosa intendo con questo? Contrariamente alle strategie con i pivot e con il numero tondo, ho osservato che il mercato tende a superare tali livelli. Il motivo è semplice: molti trader istituzionali hanno effettuato ordini di acquisto (o ordini di vendita sui minimi) su questi punti. Quando il mercato raggiunge tale livello, questi ordini diventano attivi. Ciò provoca una certa pressione d'acquisto quando il mercato raggiunge il massimo della settimana precedente. Tuttavia, può accadere anche il contrario. Se il mercato raggiunge il minimo della settimana precedente, gli ordini di vendita aggiuntivi creano una pressione di vendita. Uno scalper può trarre vantaggio da questo effetto. E questa è la seconda strategia.

Con la strategia basata sullo stretch del minimo e massimo della settimana, il trader entra nel mercato solo quando tocca il livello della settimana precedente (massimo o minimo). Presume che vi sia una maggiore probabilità che il mercato stia esagerando un po', almeno a breve termine, prima di effettuare un'eventuale svolta. Vogliamo provare a utilizzare questo effetto per scommettere su 15 pip. Scommettiamo quindi sull'esagerazione a breve termine di 15 pip al primo tocco. Ancora una volta, proteggiamo la nostra posizione con uno stop loss di 15 pip. Quindi, stiamo lavorando con un rapporto di rischio-rendimento di 1:1, il che significa che il nostro tasso di successo deve essere superiore al 50%, al fine di fare trading in modo proficuo.

La premessa di questa strategia - in contrasto con quella basata sul numero tondo e sui pivot - è quindi l'osservazione che una volta che il mercato ha raggiunto i massimi o i minimi della settimana precedente, andrà un po' più avanti prima di svoltare. Se il trade non ha successo la prima volta e il mercato fa un secondo tentativo di superare questo livello, la probabilità che la seconda operazione ottenga un risultato migliore non è così elevata. Pertanto sottolineo l'importanza del primo tocco.

Figura 4: USDCAD, grafico a 15 minuti, 17 ottobre 2019

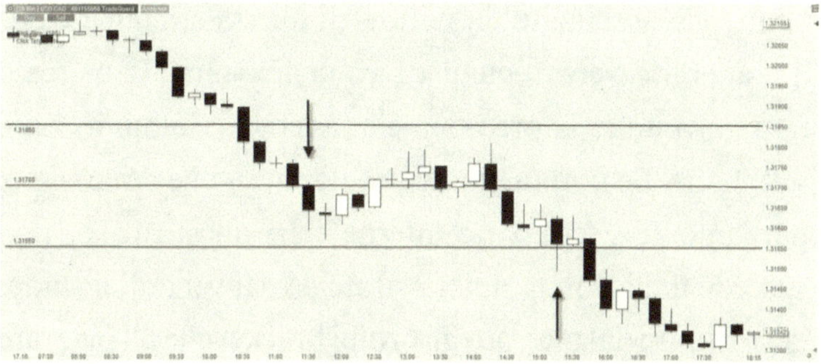

La Figura 4 illustra la strategia nel grafico a 15 minuti di USDCAD. La linea orizzontale centrale rappresenta il minimo della settimana precedente a 1,3170. Il 17 ottobre USDCAD è stato scambiato al di sopra del minimo della settimana precedente. Tuttavia, la coppia ha subito un crollo durante la mattinata europea, raggiungendo il minimo della settimana precedente alle 11:15. In quel momento, l'ordine short di vendita si è attivato (freccia in alto a sinistra). Allo stesso tempo, sono stati attivati l'ordine stop loss (linea orizzontale superiore) e quello take profit (linea orizzontale inferiore). Alle 15:15, il prezzo ha raggiunto l'obiettivo di 15 pip (freccia in basso a destra).

Come si può ben vedere, USDJPY ha impiegato del tempo ed è anche risalito un po' dopo aver raggiunto il minimo della settimana precedente. Tuttavia, il mercato non ha raggiunto l'ordine stop-loss. Di conseguenza, il trade non ha mai avuto problemi e ha raggiunto il target di prezzo a 1,3155.

Come già accennato, la natura di questa strategia è che il trader riceverà segnali di volta in volta. Il mercato non raggiunge il precedente massimo o minimo ogni settimana. Se non raggiunge né il minimo né il massimo, parliamo di "settimane interne". In questo caso, non succede nulla con la nostra strategia e il venerdì il trader deve ritirare dal mercato gli ordini bracket che ha piazzato ai massimi e ai minimi della settimana precedente.

Certo, ho provato anche il "contrario" di questa strategia, ovvero prendere la posizione opposta non appena il mercato raggiunge il massimo o il minimo della settimana precedente. In tal caso si andrebbe short sul massimo della settimana precedente e long sul minimo della settimana precedente. I risultati sono stati deludenti per tutte le coppie di valute. Non ho ottenuto un solo risultato positivo su nessuna coppia per un periodo di diversi mesi. D'altro canto, la "Strategia di stretch settimanale con il minimo e il massimo" ha avuto molto successo e ha prodotto più guadagni che perdite. Ciò non significa, tuttavia, che sarà sempre così. Potrebbero sorgere situazioni in cui il primo scenario ha più successo della "strategia di stretch" qui presentata.

Non potrei mai sottolineare abbastanza che un trader dovrebbe sempre guardare ai mercati con una mente aperta. Anche se ha eseguito con successo determinate strategie per un lungo periodo di tempo, potrebbe sempre arrivare il giorno in cui ciò non succederà più. In quel momento, può essere molto utile provare l'opposto di quello che si è sempre fatto. I risultati che sto presentando qui su USDJPY e USDCAD dovrebbero pertanto essere considerati un'istantanea. Ciò non garantisce in alcun modo che in futuro rimangano altrettanto buoni.

Figura 5: USDJPY, grafico giornaliero, 15/06 – 29/10/2019

In un periodo di circa quattro mesi, il trader ha ricevuto diciassette segnali nella coppia di valute USDJPY. Undici di essi erano operazioni a scopo di lucro e solo sei erano operazioni in perdita. Naturalmente, questo è un risultato eccellente, che non dovrebbe essere sempre dato per scontato. Come si può vedere, con questa strategia, si riceve in media un segnale a settimana. Non è molto, ed è per questo che dovrebbe essere combinata con altre strategie, come la strategia 'Insegui i massimi e minimi settimanali'.

Figura 6: USDCAD, grafico giornaliero, 23/06 – 29/10/2019

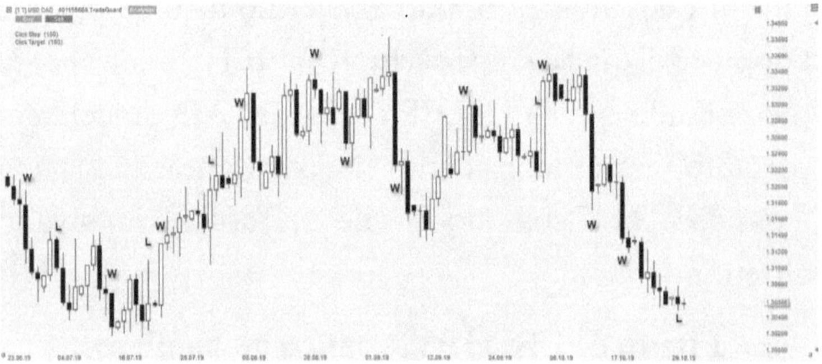

Infine, esaminiamo i risultati della strategia nella coppia di valute USDCAD. Ho scelto deliberatamente lo stesso periodo usato nell'esempio per USDJPY. Anche i risultati in USDCAD sono stati eccellenti. Qui ho ricevuto sedici segnali, di cui undici erano operazioni vincenti (W) e solo cinque erano operazioni a perdita (L).

Se si sommano i risultati in entrambe le coppie di valute, si ottengono i seguenti risultati:

Trade in profitto: 22 x 15 pip = 330 pip

Trade in perdita: 11 x 15 pip = -165 pip

Totale: 165 pip

Naturalmente, un risultato complessivo di 165 pip è molto buono. Anche se questo profitto è stato realizzato in un periodo di quattro mesi.

Si potrebbe ora pensare che potrebbe sorgere un

rischio di cluster se si dovesse applicare la stessa strategia a un numero di coppie di valute altamente correlate. Ne sono consapevole. Tuttavia, non sono stato in grado di identificare questo tipo di rischio. I massimi e i minimi settimanali in diverse coppie di valute sono stati raggiunti in giorni diversi, quindi i segnali non si sono verificati lo stesso giorno in tutte le coppie scambiate. Naturalmente, non si dovrebbero utilizzare troppe coppie di valute con questa strategia. In tal caso, si verificherebbe effettivamente un rischio di cluster, se il trader dovesse scambiare troppe coppie simili o altamente correlate.

Domande pratiche

Infine, vorrei affrontare alcune domande che sorgono quando il professionista applica entrambe le strategie nella realtà.

In generale, non si dovrebbe effettuare un trade se il mercato di domenica sera (o lunedì mattina) è stato scambiato allo stesso livello del massimo o del minimo della settimana precedente. Non ha senso utilizzare la strategia di stretch o quella relative all'insegumento del massimo o minimo settimanale se il mercato è solo dieci o anche venti pip al di sotto o al di sopra di questi livelli. È meglio aspettare fino a quando il mercato è ad almeno quaranta o cinquanta pip e quindi effettuare gli ordini per la settimana.

Non importa se si fa trading sul "massimo" dal "minimo" o dal "massimo". Cosa intendo con questo? È abbastanza comune che una coppia apra sopra al massimo della settimana precedente all'inizio della settimana. Ad esempio, ciò può accadere durante forti trend. Non bisogna rinunciare ad applicare questa strategia solo perché il mercato ha già aperto al di sopra del massimo. Si può certamente operare invece dal lato short. Lo stesso vale se il mercato apre al di sotto del minimo settimanale precedente. Qui, si può sicuramente provare un lungo trade con un target di prezzo sul minimo settimanale. Oppure si potrà usare la strategia di stretch per scommettere sull'esagerazione.

Tuttavia, questi casi sono piuttosto rari e ogni tanto ci sono settimane in cui il mercato non raggiunge né il massimo né il minimo.

Se fate trading con entrambe le strategie sullo stesso numero di coppie di valute contemporaneamente, si consiglia di utilizzare due broker diversi. Solo per evitare confusione. Questo metodo rende anche meno dipendenti dal singolo broker. I trader professionisti di solito hanno diversi account con broker diversi. Penso che questa sia una misura che dovrebbe essere implementata solo per motivi di gestione del rischio. Distribuisci il tuo capitale di trading su due o tre broker, anziché avere tutto in un unico account.

Immagina di avere tutti i tuoi soldi parcheggiati in un account con un broker e improvvisamente questo broker si trova in difficoltà finanziarie. Potresti pensare che ciò sia molto improbabile, ma l'esperienza ha dimostrato che, specialmente in eventi estremi come lo shock del franco svizzero del 2015, i broker mal capitalizzati possono facilmente fallire. Proteggi il tuo capitale di trading da un tale evento. Di norma, un trader potrà recuperare i suoi soldi con un po' di tempo, se ha un conto segregato (che consiglio vivamente).

Un conto segregato è un conto tenuto separato dalle attività del broker, a nome (e proprietà) del trader. Tuttavia, questo "po' di tempo" potrebbe estendersi a due o più anni. Quindi, assicurati di non finire mai in una situazione del genere e di trovarti nell'incapacità di poter operare per due anni perché il tuo denaro è "bloccato" a causa di circostanze eccezionali. Le procedure fallimentari possono talvolta trascinarsi per anni.

Spalmare il tuo capitale di trading su più account rende la tua attività di trading meno vulnerabile ai rischi esterni.

Tuttavia, la misura più importante, che renderà sicuramente robusta la tua attività di trading, è smettere di fare trading con una sola strategia. Presentando sei diverse strategie in questa serie sul trading forex, non sto suggerendo che dovresti applicarle tutte in contemporanea, ma piuttosto che dovresti combinarle. Il motivo per cui dovresti farlo sarà affrontato nella quarta e ultima parte di questa serie.

PARTE 4:
FARE TRADING CON DIVERSE STRATEGIE CONTEMPORANEAMENTE

1. Perché usare diverse strategie contemporaneamente!

I trader specializzati nel forex trading tendono a utilizzare solo una strategia alla volta. Lo so fin troppo bene! Una volta ero anch'io un trader di questo tipo (a quel tempo, il trading su valuta era una cosa nuova ed emozionante per gli investitori privati). E fu allora che commisi il primo errore che, nella mia ignoranza, purtroppo continuavo a ripetere ancora e ancora. Perché, se hai solo una strategia, sei inevitabilmente alla costante ricerca dell'unica strategia che ti renderà ricco.

Dai un'occhiata ai forum dei trader sul web. Sono pieni di discussioni da parte degli operatori che presentano la loro strategia, ovviamente con le migliori intenzioni. Con ogni nuova strategia che appare, la comunità del forex si agita e tutti saltano su quel nuovo carrozzone. Devono provare subito la nuova strategia, perché lì è dove potrebbe essere nascosto l'oro che tutti cercano.

Quello che viene dopo, non ho quasi bisogno di dirlo al lettore. Non appena il membro del forum ha provato la nuova strategia, iniziano a comparire le prime operazioni perdenti dopo qualche vincita. Forse allora la novità non è così promettente come sembrava a prima vista. Presto il membro del forum si rende conto che, sfortunatamente, la nuova strategia genera tante perdite quanto la precedente.

E così il treno va avanti e il giorno successivo il membro del forum proverà la strategia del membro del forum X, che finora ha trascurato. Penso che il lettore ora sappia già come finisce la storia. L'infelice membro del forum "metterà alla prova" anche la strategia del membro del forum X e dopo alcune settimane si renderà conto che neanche lì è sepolto l'oro.

Questo ci porta a una conclusione che non sorprende: tutte le strategie forex includono delle perdite. Tutte, nessuna esclusa! Alcune un po' di più, altre un po' di meno. E questo ci porta a una seconda conclusione: tutte (o quasi) le strategie forex sono redditizie.

Chiedo scusa. Tutte le strategie Forex sono redditizie? Sì, la maggior parte, o almeno molte di queste strategie (se basate su principi di trading comprovati) sono redditizie a lungo termine, almeno se obbediscono a semplici leggi matematiche, nel linguaggio del trader: se lavorano con un rapporto rischio-rendimento di 1: 2 o 1: 3. E anche se funzionano con rapporti di rischio-rendimento di solo 1 : 1, ma con tassi di successo superiori al 50%, tutti questi sistemi sono redditizi a lungo termine.

Intendiamoci: a lungo termine. E qui, ovviamente, sta il problema del nostro entusiasta membro del forum.

Se inizia a testare il sistema nel periodo in cui si trova attualmente che è magari una fase di drawdown, allora eliminerà la nuova strategia dopo alcune settimane (o alcuni giorni). E poi scriverà nel thread del forum che il sistema del membro del forum X produce solo perdite. Diamo un'occhiata alla curva di capitale di questa strategia forex (Figura 1).

Figura 1: Curva di capitale del membro X del forum

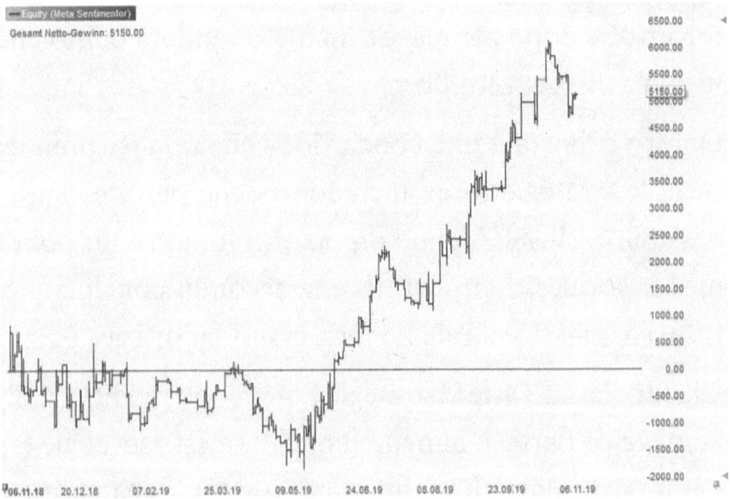

Questa strategia è redditizia? Certo che lo è! Con i risultati di questa semplice strategia, puoi fare una fortuna (se vuoi). Ma hai notato il periodo di drawdown da novembre 2018 a maggio 2019 (a sinistra nella tabella)? È durato sette mesi! Pensaci: sette mesi in cui il sistema non ha generato alcun profitto!

Ora chiediti: come essere umano, riesci a sopportare che il sistema che stai utilizzando non generi profitti per più di sette mesi? Probabilmente no, vero? Io non lo sopporto in nessun caso.

Perché no? Perché sono umano. Sfortunatamente, la nostra psiche è sempre alla ricerca di una gratificazione immediata. Ciò significa che quando chiediamo qualcosa, lo vogliamo *immediatamente*.

Sono un bevitore di caffè. Ora immagina che io vada nel mio bar preferito per chiedere una tazza di caffè. La cameriera mi dice con voce un po' sommessa che sfortunatamente oggi non c'è caffè (perché la macchina per caffè espresso ha bisogno di manutenzione o per qualsiasi altro motivo). Esprimo il mio disappunto e poi, nel bene o nel male, scelgo di bere il tè. Il giorno dopo ci vado di nuovo. Non vedo l'ora di assaporare il mio caffè preferito, ma quando la cameriera mi si avvicina, lo sospetto già: purtroppo la macchina per caffè espresso è ancora in manutenzione.

Tornerò in quel bar il giorno dopo? Probabilmente no, vero? Forse la macchina per caffè espresso nel bar dei vicini funziona meglio. Sfortunatamente, questo significa che noi, come esseri umani, siamo predisposti in modo da non riuscire a sopportare troppi rifiuti, anche se sappiamo molto bene che la macchina per caffè espresso nel nostro bar preferito funzionerà di nuovo prima o poi. Deve essere così, altrimenti il locale perderà presto tutti i suoi clienti. Lo sappiamo, eppure preferiamo andare al bar accanto, perché in quanto dipendenti dal caffè, semplicemente non possiamo sopportare di dover bere il tè per tre giorni di fila.

Questa piccola storia potrebbe sembrare un po' semplicistica, ma è quello che succede al tuo cervello rettiliano quando entri nel mercato forex e fai un'operazione. Il caro membro del forum si affretta da un bar all'altro (da una strategia all'altra, per così dire) nella speranza di trovare finalmente il posto perfetto dove gli viene garantito un caffè al giorno.

Conosci già la fine della storia. Il membro del forum cavalcherà quest'onda finché il suo "capitale di trading" non sarà esaurito. Questo giorno arriverà prima o poi (di solito prima) e poi, ovviamente, puoi immaginare cosa verrà dopo: un'affermazione scontenta che "il forex non funziona".

Giusto. Il trading sul Forex è praticamente imprevedibile a breve termine. È impossibile dire se avrai successo immediatamente facendo trading col Sistema X o col Sistema Y da oggi. Nel giro di poche settimane (figuriamoci giorni), è quasi impossibile dirlo. E sfortunatamente il nostro cervello rettiliano è in grado di valutare qualcosa solo in base a intervalli di tempo brevi. Semplicemente non siamo in grado di usare il nostro cervello umano per valutare un sistema di trading che produca risultati abbastanza soddisfacenti nel lungo periodo (vedi Figura 1).

E questo fatto da solo è il motivo più importante per cui non dovresti fare affidamento su una singola strategia se prevedi di costruire un business sul trading basato sulle valute. Ti rende incredibilmente vulnerabile. Sfortunatamente, troppo spesso capita che un trader abbandoni una strategia redditizia solo perché produce perdite per alcune settimane. Se operi con una sola strategia, sarai esposto a così tante insidie e trappole da inciampare costantemente.

Ci sono, naturalmente, diversi motivi per cui gli operatori di trading operano con una sola strategia. Il motivo principale è probabilmente che credono che sia superiore ad altri metodi di trading. Quando i trader iniziano nel forex trading, di solito usano il metodo che hanno incontrato per la prima volta (cioè per caso). Usano questo metodo perché capiscono ancora molto poco sul trading. E, naturalmente, perché non sono realmente consapevoli che esistono altri metodi o sistemi redditizi.

Quando questo sistema produce le sue prime perdite, perdono gradualmente la fiducia, pensando che il loro sistema non darà mai il risultato desiderato. E inevitabilmente, si guardano di nuovo intorno sul forum forex e provano il sistema suggerito dal membro del forum Y o Z. Una volta che avranno "testato" i metodi Y o Z, penseranno immediatamente che siano migliori del loro metodo. Arrivano a questa conclusione perché hanno appena iniziato a fare trading con questo nuovo metodo. Sperano ancora che dia loro i risultati desiderati.

Molti trader forex, ad esempio, sono passati al trading con le "strategie di price action" negli ultimi anni. Potresti aver notato questo trend emergere qualche anno fa. Un trader ha iniziato, alcuni hanno seguito l'esempio e all'improvviso tutti i forum dei trader erano pieni di "price action".

Non fraintendermi. Non sto criticando questo metodo. È un metodo di trading solido, basato su alcuni principi semplici e chiari. C'è una chiara filosofia di trading dietro di esso. Ma non vi è motivo di ritenere che la price action sia migliore di qualsiasi altro metodo, ad esempio di uno basato semplicemente sull'incrocio di due indicatori o sui pattern di continuazione nelle fasi di trend. Tutti questi metodi si basano su un'osservazione specifica del comportamento del mercato. E nessuno di loro sbaglia. Ma non sono neppure "migliori".

Il motivo per cui un trader passa da un metodo all'altro è spesso semplice, ad esempio perché un metodo sembra essere più "ovvio" per lui rispetto a un altro. A mio avviso, questa è la ragione del successo della strategia con le price action. Ha senso per molti trader, perché è facile da capire. Ma ciò non significa che sia più redditizio rispetto a qualsiasi altro metodo.

Ogni strategia offre quindi le sue premesse su come funziona il mercato. Per un operatore di price action, tutte le informazioni si possono trovare nel grafico stesso. Ciò significa che non utilizza strumenti di analisi tecnica, come indicatori o oscillatori. E un trader che utilizza supporto e resistenza, osserva che ci sono semplicemente più venditori sui livelli di resistenza che altrove.

Un altro motivo importante per cui i trader si impegnano in un'unica strategia è perché una singola strategia semplifica la comprensione del mercato. È nella natura del nostro cervello il cercare di semplificare le cose di fronte alle situazioni complesse. Vogliamo capire cosa sta succedendo nei mercati finanziari. Ma proviamo a farlo usando modelli semplificati e deliberatamente trascurando altri modelli.

Ora, i mercati finanziari sono i sistemi più complessi che si possano immaginare. E la naturale necessità di comprenderli per mezzo di modelli semplificati è fin troppo comprensibile. Ma la conseguenza è che si ottiene un'immagine distorta della realtà. Il tuo metodo, il sistema che stai utilizzando, ti fa credere che il mercato farà questo o quello e tu provi a spiegare il suo comportamento con il tuo sistema. Ciò porta inevitabilmente a un quadro incompleto della realtà.

Molti trader che conosco considerano le loro strategie come sistemi indipendenti, i cui rendimenti vengono utilizzati per raggiungere i loro obiettivi finanziari. In tal caso, ogni strategia dovrebbe sostanzialmente essere vista come una scommessa a lungo termine su un risultato atteso e, in tal senso, ogni strategia dovrebbe essere sostanzialmente vista come un *titolo* in cui si investe un determinato importo di denaro. Quando acquisti un titolo, speri a lungo termine di ottenere un certo rendimento, speculando sulla performance di quel titolo o acquistando reddito dall'investimento che ti paga un dividendo annuale.

Allo stesso modo, dovresti guardare una certa strategia. Dovresti considerarla come una garanzia di investimento nel tuo portafoglio, proprio come un titolo o un fondo.

Se puoi accettare questa idea, investire in una determinata strategia o in un'altra risorsa è sostanzialmente lo stesso per te. Il prossimo passo è costruire un portafoglio di investimenti.

D'ora in poi, non è più un singolo investimento (sia esso una singola strategia o un singolo titolo) a costituire lo strumento per raggiungere i tuoi obiettivi finanziari. D'ora in poi, vorrai avere un portafoglio bilanciato con risorse diverse.

Proprio come nessuno penserebbe di costruire un portafoglio di investimento con un solo titolo, non si dovrebbe costruire un portafoglio con *una sola* strategia.

2. Meno volatilità nella curva del capitale

Ora possiamo contare su due settori verso i quali è stata fatta un'intensa ricerca nella teoria e nella pratica da decenni: l'ottimizzazione del portafoglio e la diversificazione. Applicando questi principi fondamentali, che sono incorporati nella creazione di un portafoglio di asset comuni, possiamo creare un portafoglio con più sistemi di strategia. Gli stessi vantaggi che si ottengono da un portafoglio di asset comuni, come una minore volatilità della curva del capitale e un rendimento corretto per il rischio, possono essere applicati al portafoglio di strategie di trading.

Dovresti anche pensare all'idea di un portafoglio fino alla fine. Proprio come il gestore di un grande fondo d'investimento non penserebbe mai di investire tutto il denaro dei suoi clienti in un singolo titolo, altrettanto non penserebbe di farlo quando investe in strategie di trading (cosa che accade occasionalmente). Non metterebbe mai tutte le sue uova nello stesso paniere utilizzando una sola strategia: in altre parole, diversificherà.

In tal senso, non può acquistare abbastanza asset diversi. Se punta solo sulle azioni, non può possedere abbastanza azioni. Naturalmente, un tale approccio comporta alcuni rischi. Alla fine, vuole costruire un "portafoglio bilanciato" - un portafoglio in cui opportunità e rischi si trovino in una proporzione ragionevole l'una rispetto agli altri.

Sono quindi convinto che l'utilizzo di diverse strategie sia più redditizio a lungo termine rispetto al trading con una sola strategia. La ragione è semplice Se si scambiano più strategie contemporaneamente, le probabilità delle singole strategie vengono distribuite nel tempo. Ogni strategia che utilizzi ha il suo insieme di trade in profitto e in perdita, come hanno mostrato gli esempi in questo libro (Parti da 1 a 3). In quanto trader, semplicemente non puoi sapere quando si verificheranno queste serie e in quali delle tue strategie accadranno. L'unica cosa che sai, è che avrai queste serie di profitti e perdite.

Distribuendo profitti e perdite su diverse strategie, si crea una certa indifferenza verso una serie di perdite (migliore obiettività). Questo è ovviamente più facile da ottenere con un portafoglio costituito da diverse strategie rispetto a uno basato su un'unica strategia.

La selezione delle tue strategie dovrebbe garantire che le probabilità di profitto o perdita delle singole strategie non vengano confuse. Un trade fatto sulla base di un pivot è piuttosto diverso da un trade sulla base di un numero tondo o del massimo della settimana precedente, per esempio. Anche se esiste la probabilità che tutte le tue strategie subiscano perdite allo stesso tempo, è piuttosto improbabile.

Se una delle tue strategie sviluppa improvvisamente una serie negativa, un'altra invece potrebbe improvvisamente iniziare a vincere. L'effetto di differenziazione garantisce quindi che una serie vincente di una determinata strategia compensi o annulli le serie in perdita di un'altra strategia.

In altre parole, come trader, non ti concentri più sull'esecuzione di una singola strategia (con tutti gli svantaggi psicologici). Da ora in poi, sei il gestore di un portafoglio di strategie diverse, che si spera siano correlate il meno possibile. Applicherai gli stessi principi che adotteresti qualora ti trovassi a gestire un portafoglio di asset tradizionali. Lo scopo di questo approccio è rendere più agevole la curva dei profitti e limitare i tuoi drawdown. Vorrei illustrartelo con alcuni esempi.

Immagina di negoziare un portafoglio di quattro strategie forex, tutte con risultati diversi.

Figura 2: Strategia 1, curva di capitale
Novembre 2018 - Novembre 2019

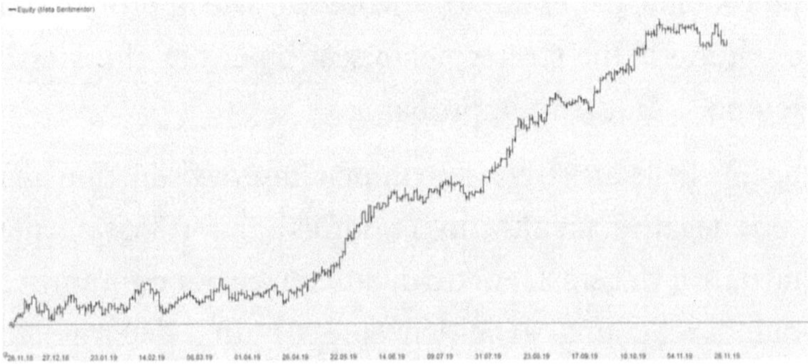

La tua prima strategia è abbastanza redditizia, come mostra la curva di capitale di un intero anno di trading (novembre 2018 - novembre 2019). Tuttavia, i profitti non sono arrivati in modo coerente. C'è stato qualche profitto nella prima metà del 2019, ma ci è voluto fino alla fine di aprile 2019 perché la curva del capitale iniziasse a salire sensibilmente. Un trader che avesse operato esclusivamente con questa strategia si sarebbe probabilmente ritirato a causa dalla delusione dopo alcuni mesi e avrebbe interrotto la strategia.

Figura 3: Strategia 2, curva di capitale Novembre 2018 - Novembre 2019

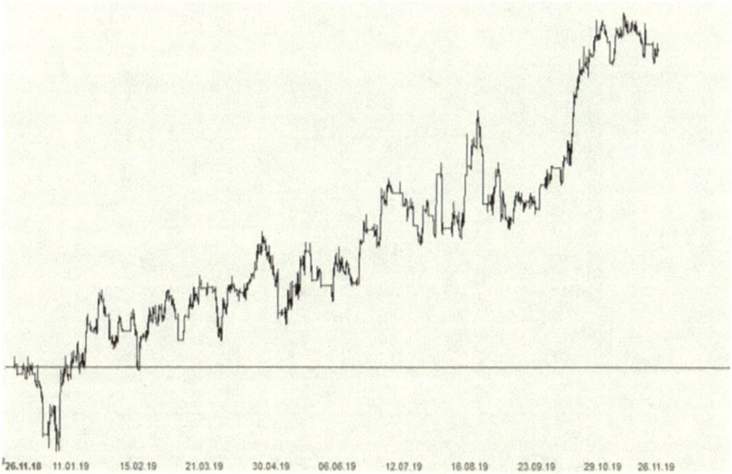

A prima vista, i risultati della seconda strategia sembrano essere più facili per la psiche del trader. Tuttavia, il sistema è iniziato con un sostanziale drawdown (lato sinistro del grafico). È stato in rosso per oltre un mese fino a quando non ha nemmeno iniziato a produrre profitti. Come puoi vedere, ci è voluto quasi fino all'estate del 2019 perché il trend crescente della curva del capitale diventasse visibile. Ancora una volta, alcuni avrebbero rinunciato dopo i "risultati deludenti" raccolti inizialmente.

Figura 4: Strategia 3, curva di capitale Novembre 2018 - Novembre 2019

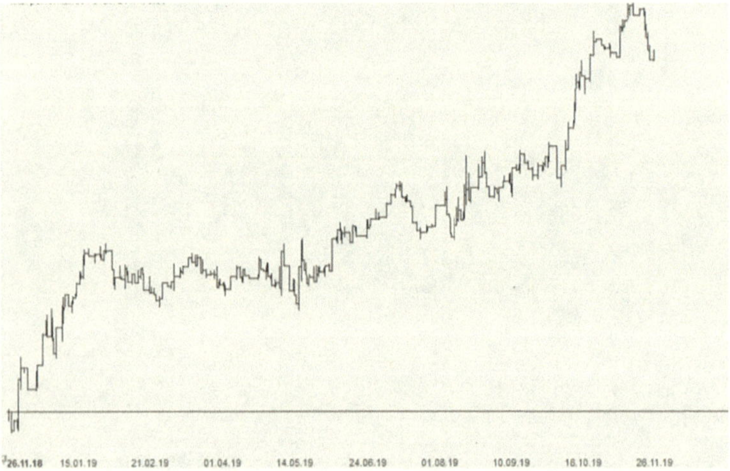

La terza strategia ha certamente reso le cose più facili al trader all'inizio, perché la curva di capitale è salita dritta nelle prime settimane. Ma poi, ha vagato lateralmente per mesi (da febbraio a maggio 2019) fino a quando, a un certo punto, ha raggiunto un nuovo "massimo". Non c'è stato nessun drawdown nel vero senso della parola, ma da febbraio a maggio la strategia non è stata in attivo. Ancora una volta, la pazienza ha pagato solo gradualmente.

Figura 5: Strategia 4, curva di capitale Novembre 2018 - Novembre 2019

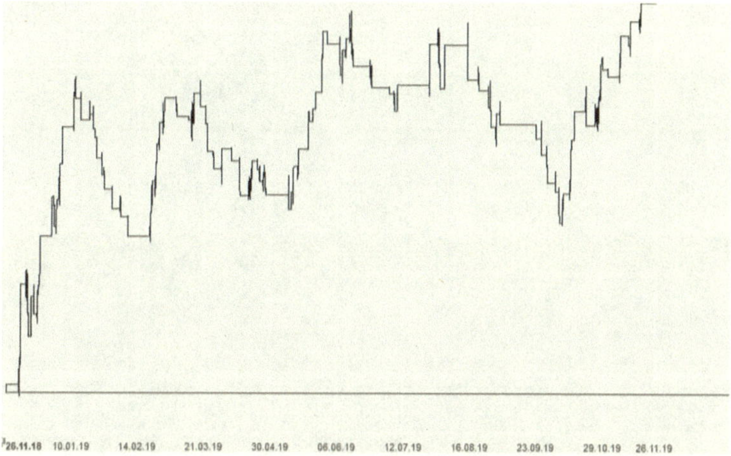

La quarta strategia ha prodotto un numero significativamente inferiore di trade rispetto alle prime tre, pertanto la curva di capitale è stata piuttosto volatile. Il sistema ha prodotto ripetuti drawdown del 40% e oltre nel corso dell'anno. A settembre, il sistema ha persino restituito gran parte degli utili annuali. I profitti effettivi non sono apparsi fino all'ultimo trimestre. In quanto trader, devi essere in grado di gestire la situazione. Una simile curva di capitale non è affatto insolita.

Figura 6: curva di capitale delle 4 strategie insieme

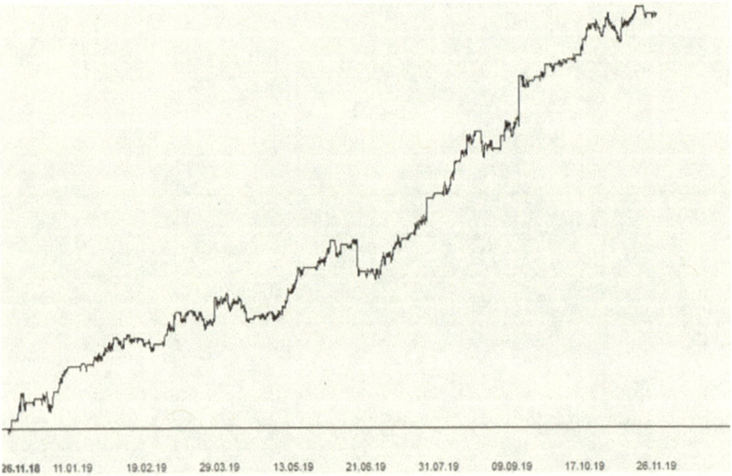

Se avessi operato con tutte e quattro le strategie contemporaneamente, avresti ottenuto una curva di capitale come quella mostrata nella Figura 6. Come puoi vedere, si sono verificati anche alti e bassi, ma questi erano più facili da affrontare psicologicamente. Inoltre, il portafoglio è stato redditizio sin dall'inizio e la curva di capitale è stata molto più regolare rispetto a quella che avresti ottenuto se avessi utilizzato solo una delle quattro strategie, grazie alla diversificazione in quattro strategie. In quanto trader, una curva di capitale come questa mi soddisfa.

Avrei trovato molto più difficile se avessi dovuto fare affidamento solo su una delle quattro strategie. I quattro esempi non sono insoliti o inverosimili e i drawdown che si trascinano per mesi si verificano in molte strategie di trading. Se tu, come trader, non riesci a gestire questa situazione, ti consiglio di diversificare.

In questo modo, non dovrai più fare trading con una particolare strategia. Inizierai a gestire un piccolo portafoglio di strategie diverse che producono profitti e perdite in momenti diversi. Naturalmente è importante che il valore dell'aspettativa a lungo termine di ciascuna strategia sia positivo. Pertanto, prima di creare un tale portafoglio, è necessario esaminare da vicino ciascuna strategia. Se hai l'opportunità di testarlo nuovamente, allora dovresti farlo, perché in questo modo, avrai almeno le statistiche per il sistema, che ti diranno se le aspettative sono o meno positive nel lungo termine.

3. Quante strategie usare contemporaneamente?

La mia risposta è pragmatica: non troppe, ma neanche troppo poche. Due strategie chiaramente non sono sufficienti, perché con due strategie non otterrai l'effetto di differenziazione desiderato.

D'altra parte, non è necessario utilizzare venti strategie. Se ti mantieni fra le quattro e le otto, sarai al sicuro. Devi anche ricordare che ogni tanto è necessario dare un'occhiata all'andamento delle singole strategie. Se agisci in modo semi-automatico, o anche in modo completamente discrezionale, puoi comunque utilizzare un numero limitato di strategie contemporaneamente. Meno a volte è meglio di più, perché più strategie utilizzi, più è probabile che una di esse non sia affatto redditizia, anche dopo un anno.

4. È possibile diversificare, anche con un account di piccole dimensioni?

Ovviamente sì. Soprattutto nel forex trading, questo approccio è aperto agli operatori con piccoli conti (meno di 1.000 USD). Grazie ai microlotti (lotti da 1.000 USD) puoi ottenere la stessa diversificazione come se avessi un account più grande. In effetti, lo trovo un modo eccellente per familiarizzare con il forex trading e costruire gradualmente un account più grande.

5. Quando dovrei iniziare a utilizzare la leva?

Dopo aver testato le singole strategie e averle implementate nella tua piattaforma di trading, puoi iniziare a utilizzare la leva. Se hai intenzione di adottare più strategie, ti consiglio di adottare un approccio più conservativo all'inizio. Per "conservativo" intendo: non rischiare più dello 0,1 o 0,2% del tuo capitale di trading. Se stai operando con dei mini lotti e rischi 20 pips per operazione su una particolare strategia, si tratta di 20 USD. Se rischi solo lo 0,2%, ciò significa che devi avere 10.000 USD di capitale di trading per raggiungere questo target. Ad esempio, se hai solo $ 1.000, dovresti scambiare micro lotti (lotti $ 1.000). In questo modo, rischi solo 2 USD per operazione.

Le cose diventano rapidamente complesse quando applichi questo tipo di gestione del rischio a ogni singola strategia che utilizzi per fare trading. Ma è qui che entra in gioco il vantaggio di un portafoglio di trading. Se le deviazioni sulla curva di capitale di una singola strategia e i prelievi ammontano al 20% o più, allora rappresentano solo il 5% della curva di capitale dell'intero portafoglio (per esempio, se scambi quattro strategie e le pesi allo stesso modo). Inoltre, tali perdite sono compensate dai guadagni delle altre strategie.

Se dopo aver acquisito fiducia nel tuo portafoglio, dopo un certo periodo di tempo, noti che il tuo account sta crescendo costantemente, puoi iniziare a pensare a utilizzare una leva finanziaria più elevata.

Ma ancora: in questo caso, non è una singola strategia a decidere se e quando utilizzare una leva maggiore, ma piuttosto il portafoglio complessivo e la sua curva di capitale. Solo quando il totale punta verso l'alto, è necessario utilizzare la leva. Ecco perché si applica quanto segue:

I dilettanti sfruttano un'unica strategia.
I professionisti sfruttano un portafoglio di strategie.
il forex trading è un business

Dai un'altra occhiata alle figure da 2 a 6. Su quale delle cinque curve di capitale vorresti applicare la leva?

Spero che il lettore capisca cosa intendo qui. Se osservi le curve di capitale delle quattro strategie individuali, noterai che sostanzialmente non vorrai usare troppa leva in nessuna di queste strategie individuali. Solo quando la curva del capitale nel portafoglio complessivo è più regolare, dovresti iniziare a utilizzare la leva finanziaria e quindi distribuirla uniformemente su tutte e quattro le strategie.

Puoi pensare di investire meno denaro nelle strategie più deboli e più soldi nelle strategie migliori. Ma a dire il vero, quando e come saprai quale delle tue strategie sarà "più debole" delle altre? Fondamentalmente, lo sai solo dopo. Questo è il motivo per cui starei attento con queste misure. Complicano le cose inutilmente.

Se una delle tue strategie funziona così male da sembrare più una macchina per la distruzione del denaro, la toglierei semplicemente dal mercato e la sostituirei con un'altra. Ma come ho detto, stai attento. Se una delle tue strategie non è redditizia per diversi mesi, ciò non significa necessariamente che sia "cattiva", come si spera vedrai dagli esempi sopra.

Tutta questa quarta parte della serie riguarda in definitiva il guardare al trading come a un business.

Mi dispiace ma: se la tua "attività" prevede di andare long e short di EURUSD ogni giorno, sulla base di alcuni indicatori, allora non stai facendo un business. Almeno, non è quello che considererei un business. Perché se un giorno smettessi di andare long e short di EURUSD, improvvisamente non avresti più un "business". È semplice.

In conclusione, inizia a fare trading sul forex e inizia a trattarlo come un vero business - un business con entrate e uscite (ovvero le perdite), con margini di profitto e con un bilancio annuale. Infine, inizia a fare tutto questo trading in modo professionale e smetti di urlare al mercato come un imbonitore qualsiasi.

Ciò significa, niente di più e niente di meno, che dovresti lavorare di meno *nel* tuo business e più *sul* tuo business.

So che il trading è eccitante, ancora di più se hai appena iniziato. Ma per uno come me, che è rimasto in questa impresa per oltre 19 anni, alla fine, conta solo una cosa: cosa mi ha portato il mio business in questo anno fiscale? E come posso farlo in modo ancora più efficiente il prossimo anno?

Con questo libro, vorrei invitarti a pensare che esaminare la tua attività di trading come il gestore di un grande fondo che gestisce diversi "asset" in modo adeguato al rischio potrebbe rappresentare una maniera più efficiente di operare.

E se hai mai pensato di gestire denaro per i clienti... Come puoi diventare più professionale? Facendo trading su EURUSD quotidianamente sulla base di due indicatori? Non credo proprio che funzioni così...

Glossario

Andare long: andare long significa avere acquistato titoli e quindi essere in possesso di essi

Andare short: un trader va short quando vende una posizione senza possederla (vendita allo scoperto).

Aspettativa: le aspettative di un sistema di trading comportano un calcolo che mostra quale sia il profitto tipico per ogni operazione effettuata. Se è negativo, la strategia non è redditizia. Se è positivo, la strategia è redditizia

AUD/USD: tasso di cambio tra il dollaro australiano e il dollaro americano

Azioni penny: azioni quotate a meno di un dollaro

BCE: Banca centrale europea con sede a Francoforte sul Meno

Bracket order: aiutano a limitare le perdite e garantiscono un profitto "raggruppando" un ordine con due ordini contrapposti. Un ordine di acquisto è racchiuso tra un ordine di limite di vendita e un ordine di stop di vendita. Un ordine di vendita è racchiuso tra un ordine di stop acquisto e un ordine con limite di acquisto

Breakeven: termine inglese per punto di pareggio

Broker: Una società che fa pagare una tassa o una commissione per l'esecuzione di ordini d'acquisto e di vendita inseriti da un investitore.

Conto segregato: Conto tenuto separato dalle attività del broker nel nome (e proprietà) del trader

Controtendenza: contro-movimento all'interno della tendenza principale

Correlazione: il comportamento di alcune coppie di valute l'una rispetto all'altra. Possono spostarsi contemporaneamente nella stessa direzione o in direzioni diverse

Curva equity: una curva equity è una rappresentazione grafica della variazione di valore di un conto di trading in un determinato periodo di tempo

Drawdown: perdite che possono verificarsi, entro un certo tempo, dal punto di massimo

Effetto leva: l'uso del capitale preso in prestito può aumentare il ritorno sull'uso del proprio capitale

EUR/CHF: tasso di cambio tra l'euro e il franco svizzero

EUR/JPY: tasso di cambio tra l'euro e lo yen giapponese

Forex: Forex Exchange Market, mercato valutario internazionale

Francogeddon: il 15 gennaio 2015 la Banca nazionale svizzera ha alzato il tasso di cambio minimo di euro di 1,20 senza preavviso. Il franco svizzero si è apprezzato di quasi il 20 percento in un colpo solo

Imposta e dimentica la strategia: metodo per impostare fin dall'inizio obiettivi di stop-loss e di profitto. Viene quindi lasciato al mercato se il trading realizza un profitto o viene bloccato in perdita

Ipotesi del mercato efficiente: secondo questa teoria, i mercati finanziari sono efficienti nella misura in cui le informazioni esistenti sono già prezzate e quindi nessun operatore di mercato è in grado di conseguire profitti sopra la media in modo permanente, attraverso analisi tecniche, analisi fondamentali, insider trading o altro

Gestione del rischio: comprende tutte le misure per identificare, analizzare, valutare, monitorare, gestire e controllare i rischi

GBP/USD: tasso di cambio tra la sterlina britannica e il dollaro USA

Lotto: un lotto è l'unità di trading nei mercati dei cambi e dei futures. Nel Forex, un lotto nei contratti normali corrisponde a 100.000 unità della valuta anteriore (base), quindi nella coppia di valute EUR / USD, 1 lotto corrisponde a 100.000 euro.

Margine: garanzia che un investitore deve depositare per acquistare un contratto futures

Microlotto: un microlotto equivale a un contratto per 1.000 unità della valuta di base in una coppia Forex

Minilotto: un minilotto equivale a un contratto per 10.000 unità della valuta di base in una coppia Forex

Momentum: il momentum informa l'investitore della velocità e della forza di un movimento dei prezzi

NZD/USD: tasso di cambio tra il dollaro USA e il dollaro neozelandese

Ordine limit: un ordine con un prezzo fisso e/o tempi di esecuzione

Ordine OCO (one cancels the other): una combinazione di stop loss e sell limit; una volta raggiunto il limite impostato o il prezzo di stop, l'ordine viene eseguito e l'altro ordine viene annullato

Ordine take profit: un ordine take profit viene utilizzato quando il mercato raggiunge il profitto desiderato.

Parity: descrive il punto in cui due valute hanno lo stesso valore. Il tasso di cambio tra le due valute è quindi esattamente 1 a 1

Percentuale di hit: la percentuale di hit descrive il rapporto tra le operazioni vincenti e quelle perdenti.

Pip: percentuale in punto, la più piccola variazione di prezzo nel trading Forex.

Pivot: linee di supporto e resistenza per il trading infragiornaliero, risultanti dal movimento dei prezzi del giorno precedente

Portafoglio: totale di tutte le posizioni attive di un investitore

Price Action: forma di analisi tecnica di grafici che non utilizza indicatori

Range: fase laterale di un mercato

Rapporto rischio/rendimento (RRR): il RRR funge da indicatore dell'utilità di un investimento. Viene calcolato dividendo il rendimento atteso per la perdita massima possibile (stop loss)

Resistenza: livello di prezzo al quale appaiono più venditori

Rischio di cluster: un rischio di cluster si presenta quando un portafoglio di investimenti è estremamente concentrato in relazione a determinati titoli, settori, paesi, valute o classi di attività

Scalping: tecnica di trading in cui il trader cerca di scambiare movimenti minimi sul mercato

Strategie di range: strategie specificamente progettate per operare sui mercati laterali

Stop Buy Order: ordine di acquisto o vendita di titoli, che viene eseguito solo quando il prezzo raggiunge un determinato livello di prezzo

Stop Loss Order: ordine di vendita che viene eseguito al meglio al raggiungimento di un determinato prezzo

Supporto: livello di prezzo sul quale gli acquirenti sono sempre più attivi

Target di prezzo: il prezzo di mercato che un titolo deve raggiungere, sulla base di un'analisi

Timeframe: livello temporale di una visualizzazione del grafico (ad esempio, un grafico orario)

Trading di giornata: il trading giornaliero descrive il trading speculativo a breve termine di titoli. Le posizioni vengono aperte e chiuse nello stesso giorno di trading, con l'obiettivo di trarre profitto anche da piccole fluttuazioni dei prezzi

Trading discrezionale: nel trading discrezionale, l'ordine viene eseguito manualmente sul mercato, senza l'utilizzo di trading automatizzato

Trading semi-automatico: stile di trading in cui alcune transazioni vengono eseguite manualmente e alcune automaticamente

Trend following: strategia di trading che si basa sul seguire un trend una volta che è stata identificato

USD/CAD: tasso di cambio tra il dollaro USA e il dollaro canadese

USD/CHF: tasso di cambio tra il dollaro USA e il franco svizzero

USD/JPY: tasso di cambio tra il dollaro USA e lo yen giapponese

Volatilità: deviazione standard. Indica quanto fortemente fluttua un prezzo

Altri libri di Heikin Ashi Trader

Come Avviare un'Attività Redditizia di Trading con €500

Come Avviare un'Attività Redditizia di Trading con €500 La maggior parte dei nuovi operatori inizia con un piccolo conto. La somma può essere diversa, ma quasi tutti i trader desiderano aumentare il loro piccolo capitale al più presto possibile. Questa necessità è naturale e comprensibile, ma la voglia di fare così in fretta è il seme per il fallimento futuro.

Sommario

1. Come Diventare un Trader con soli €500 a Disposizione?

2. Come Acquisire Buone Abitudini di Trading?

3. Come Diventare un Trader Disciplinato

4. La Fiaba dell'Interesse Composto

5. Come fare Trading su un Conto da €500?

6. Social Trading

7. Parlate con il Vostro Broker

8. Come Diventare un Trader professionista?

9. Trading per un Hedge Fund

10. Imparate a fare Rete

11. Diventare un Trader Professionista in Sette Passi

12. €500 sono un Sacco di Soldi

Glossario

Altri libri di Heikin Ashi Trader

Trading Contro il Trend!

L'industria dei broker di solito raccomanda che i nuovi trader inizino a fare trading seguendo il trend. Ma è redditizio operare in questo modo? Si dice che se si segue il trend, la probabilità di vittoria è più alta. Sfortunatamente, l'esperienza dimostra che la maggior parte dei trader non riesce a costruire in questo modo un'attività redditizia.

I trader più anziani ed esperti sono soliti dire: "Devi comprare quando il sangue scorre nelle strade". Ciò significa che dovresti agire nella direzione opposta del trend. In realtà, questo detto è l'espressione del senso comune. La domanda rimane: perché i trader trovano così difficile mettere in pratica questa saggezza?

Il nuovo libro di Heikin Ashi Trader offre idee e suggerimenti su come riconoscere i segnali di controtendenza nel mercato azionario, dal momento che questi sono di solito le migliori opportunità di trading.

Sommario

Parte 1: La strategia di trading di Snapback

Capitolo 1: Fai trading quando la massa ha paura

Capitolo 2: Perché non seguo il trend

Capitolo 3: Ritorno verso la media

Capitolo 4: Risk management

Capitolo 5: Come riconosco i movimenti estremi?

Capitolo 6: Pazienza all'ingresso

Capitolo 7: Lo stop mi protegge davvero da pesanti perdite?

Capitolo 8: Trade management

Capitolo 9: Uscita

Capitolo 10: Quando si verificano le migliori opportunità di trading?

Capitolo 11: Perché dovresti studiare il calendario economico

Capitolo 12: Quali mercati sono adatti per la strategia di snapback?

Parte 2: Esempi di trading

Capitolo 1: Esempi negli indici azionari

Capitolo 2: Esempi nei mercati valutari (Forex)

Capitolo 3: Esempi nei mercati azionari

Capitolo 4: Esempi nei mercati delle materie prime

Glossario

Come fare Trading in un Range

Trading sul Mercato Più Interessante del Mondo

I mercati finanziari operano prevalentemente in zone senza trend, che i trader chiamano trading range o mercati laterali. I trader sembra quindi che guadagnino denaro quando un mercato è in un trend mentre dovrebbero evitare i mercati senza trend, dove non c'è niente da portare a casa.

Nonostante questo risultato apparente, la maggior parte delle strategie di trading a breve termine si basa sul modello trend following sebbene sia palesemente difficile da implementare. La maggior parte dei trader sono più o meno alla ricerca di un movimento maggiore. L'esperienza mostra, tuttavia, che lavorare con "movimenti" o "trend" non è così facile. O il trader riconosce il trend troppo tardi, o il movimento non offre quasi nessuna opportunità di entrare.

C'è, tuttavia, un gruppo specializzato di trader che non si preoccupa affatto del trend. Questi operatori fanno esattamente il contrario. Agiscono quando il mercato è in un intervallo. Questo libro descrive i metodi e le tattiche di questi operatori. Non si tratta di come identificare un intervallo e quindi di trarre profitto da esso, ma di come fare trading sul range stesso.

Sommario

1. Introduzione al Trading in un Range

2. Cos'è un mercato in range?

3. Guardate a sinistra!

4. Come disegnare correttamente le linee di supporto e di resistenza?

5. In quali mercati si può fare trading in un range?

6. Come fare trading in un range nella pratica?

7. Dove posizionare lo stop?

8. Domande sulla gestione del trading

   A. Bisogna chiudere il trade prima del fine settimana?

   B. Bisogna utilizzare i trailing stops nel trading in range?

   C. Cosa fare se il trade non va "da nessuna parte"?

   D. Dovrei spingere lo stop più vicino al mercato?

9. Esempi di mercati in un range

   A. Trading in un range nel mercato dei cambi

B. Esame approfondito di un periodo laterale nell'E-Mini

C. Esame approfondito di un periodo laterale nell'FDAX

10. Strategie avanzate

A. Limiti opportunistici

B. Fakeout

11. Canali di tendenza (trading con i canali)

12. Che cosa è davvero importante

13. Trading in range per trader giornalieri e scalper

Glossario

Sull'autore

Heikin Ashi Trader è lo pseudonimo di un trader che possiede più di 19 anni di esperienza nel trading giornaliero sui futures e sui mercati esteri. Si è specializzato in scalping e day trading veloce. In aggiunta a questo, ha pubblicato vari libri auto-esplicativi sulle sue attività di trading. Gli argomenti più popolari sono: scalping, swing trading, gestione del denaro e del rischio.

www.ingramcontent.com/pod-product-compliance
Lightning Source LLC
La Vergne TN
LVHW060259051026
849517LV00003B/878